En marche vers l'immobilisme

Agnès Verdier-Molinié

En marche vers l'immobilisme

Albin Michel

À mon époux et à mes filles

Avant-propos

On aime la France. On n'aime pas le chômage qui appauvrit, les entreprises qui ferment, les territoires qui se vident, les familles qui trinquent. Nous savons que notre pays mérite mieux que cela, vaut plus que ça, et surtout, que nous avons tous les talents pour faire davantage. À condition d'être bien gouvernés.

2007 – 2012 – 2017. On vote, on espère. La désillusion est (toujours) aussi violente. Pour ne pas revivre cette débandade habituelle, le gouvernement doit affronter les administrations, les syndicats, les élus et les grands corps qui sont à la manœuvre.

À chaque élection présidentielle, on élit un merveilleux conteur qui nous explique qu'il va réformer entièrement la France. Cette fois-ci, c'est encore mieux, on l'adooooore car il est jeune et beau. Emmanuel, aimé des dieux (de la réforme ?), semble avoir tout pour lui et on espère qu'il va réussir. Mais gare aux pièges tendus par l'administration dans lesquels sont tombés des présidents aguerris. Gare aux chausse-trapes dans lesquelles tombent les plus beaux projets, victimes de l'enlisement et des réunions interministérielles. Gare aussi aux tours de passe-passe dont Bercy est si friand. Un peu moins d'impôts par ici, un peu plus par-là. Le ras-le-bol fiscal n'est pas (si) loin. Nos dirigeants ont beau être jeunes et volontaires, la machine à faire dérailler les réformes est bel et bien en marche. Bercy essaie toujours de recycler ses projets fumeux, les postes sont toujours trustés par l'oligarchie énarchique, les élus jouent toujours dans le registre de la démagogie, les partis (même les nouveaux) font toujours semblant d'avoir des idées, les syndicats continuent de favoriser leur pré carré.

Objectivement, est-ce que ça va vraiment mieux ? En un sens oui, car les Français n'ont pas signé en 2017 pour un programme catastrophe, ce qui permet de dire qu'on a évité d'aller droit dans le mur. Court répit.

Car, en Europe, la France est toujours championne de la pression fiscale – avec plus de 45 % de taux de prélèvements obligatoires – et de la dépense publique. Notre déficit commercial dépasse toujours les 60 milliards d'euros et notre dette est parmi les plus élevées, 2 219 milliards d'euros en 2017, soit 97 % du PIB. Nous gardons aussi les médailles d'or du plus grand nombre d'élus, du plus grand nombre d'agents publics « à vie », les plus chers d'Europe avec le temps de travail le plus faible. Et surtout, de la complexité !

Pour changer tout ça, il nous faudrait un plan très clair. Or, ce n'est pas vraiment le cas.

De l'aveu même des conseillers du gouvernement, après un an et demi de mandat, il n'y a plus de feuille de route. Et quand on entend les hiérarques de Bercy, cela fait froid dans le dos : selon eux, il faut surtout y aller « tout doucement ». C'est bien la preuve que la richesse nationale n'est pas si robuste à leurs yeux. Cela prouve aussi qu'ils ont peur, encore et toujours, des réformes de fond. Peur de casser la croissance. Dès qu'on sort une idée, ils ricanent. La seule réforme qu'ils soutiennent : le prélèvement à la source, qu'ils essayent de nous faire avaler depuis 40 ans ! Encore une usine à gaz – et pas la moins chère en plus !

Cerise sur le gâteau ? Au fond, le Président lui-même doute. « La France n'est pas un pays réformable », a-t-il confié dès 2017 aux parlementaires réunis en congrès à Versailles. Une douche froide, alors même que les 100 jours n'étaient pas encore passés. Est-ce parce qu'il a senti trop vite le poids des blocages ? Que faire alors ? De la com, c'est sûr et c'est toujours ça de pris. Alors on change les éléments de langage : *exit* « réformer », qui devient « transformer ». Interdit dorénavant aux ministres, et surtout au premier d'entre eux, de prononcer ce (gros) mot qu'est « réforme ». On lisse le discours, surtout pas de couacs. On va « baisser les dépenses » mais « les sanctuariser toutes », on va « changer le modèle social » mais « sans y toucher ». Bref, on va rester immobile tout en disant qu'on bouge.

Les premiers mois du quinquennat ont été utilisés à vider les placards des cadavres laissés par la majorité précédente. De bonnes choses ont été réalisées, il faut le souligner : jour de carence, ISF vidé aux deux tiers, réduction du nombre d'emplois aidés… mais la liste est incomplète et se caractérise surtout par le fait que l'ambition reste faible derrière les rodomontades. En 2018, les ménages n'ont pas vu leurs impôts baisser et, d'ici à 2022, il y aura seulement 20 milliards de baisses d'impôts au total (et combien de hausses ?), entreprises et ménages compris. La France affiche au compteur plutôt 100 milliards d'impôts en plus par rapport aux pays d'Europe et 200 milliards de dépenses en plus.

Le Code du travail est encore plus lourd et les ordonnances offrent une vision bien gentillette de la flexibilité. Les seuils sociaux bloquent toujours (surtout celui de 50 salariés) la croissance de nos entreprises et les embauches. Le chômage stagne toujours pour l'instant avec plus de 6 millions de demandeurs d'emploi toutes catégories confondues.

Heureusement pour le gouvernement, le CICE (crédit d'impôt pour la compétitivité et l'emploi) voté sous Hollande commence à porter ses fruits, booste un peu la croissance et l'emploi marchand.

Mais il ne suffit pas de thésauriser sur les deux bonnes mesures prises pendant le précédent quinquennat. La bataille de la compétitivité est loin d'être gagnée, la croissance faiblit et les jours filent à toute allure, plus le temps de rester au niveau de la réformette. Toujours trop d'élus, trop d'impôts, de dépenses, de communes, de taxes, d'aides sociales. Il ne reste plus que 1 300 jours pour redresser la France avant les présidentielles de 2022.

Ceux qui profitent du système et ne veulent pas bouger sont aussi bien en place. Ils sont encore très puissants. Surtout, personne ne les contrôle vraiment. Ce sont des États dans l'État. Les grands corps, les syndicats paritaires et les élus n'en font qu'à leur tête. La rente publique, ils connaissent. Pour survivre, dès qu'ils le peuvent, ils transforment les réformes en monstres de complexité. Face à leur pouvoir d'inertie, les gouvernements passent et les réformes trépassent. Ce qu'ils veulent ? Que l'immobilisme triomphe. Comme on l'a vu encore récemment avec l'affaire Benalla, le réflexe de transparence est loin d'être acquis, l'opacité de l'ancien monde n'est pas loin.

À ce stade, personne ne peut dire si ces rentiers de la République vont gagner. Mais il est déjà plus que temps de faire le point et de voir clair dans leur jeu. Ce qu'on peut déjà dire :

l'action du gouvernement ne va pas assez loin et pas assez fort. Et 5 ans passent si vite ! Le risque est énorme que la seule réforme importante et efficace du quinquennat soit celle de la baisse de la fiscalité du capital et que tout le quinquennat soit assimilé à cela. L'étiquette de président des riches est difficile à décoller si derrière cette première étape essentielle ne vient pas la réelle transformation du système pour alléger le poids du modèle français – pour tout le monde, cette fois. Les malveillants de la République (ils sont si nombreux) n'attendent que cela : pouvoir dégainer leurs arguments empoisonnés.

De leur côté, les grands patrons flottent dans une béatitude à la limite de la candeur, tout enchantés qu'ils sont d'avoir évité Mélenchon et Le Pen en 2017. Ils vont même jusqu'à dire qu'il ne faut critiquer le gouvernement Macron en aucune façon, même si certaines réformes ne tiennent pas la route. Point de délit d'esprit critique ! Étrange, j'ai déjà entendu ça quelque part. Ah oui, dans la bouche des députés (à l'époque UMP) qui m'intimaient l'ordre de ne pas travailler sur l'utilisation des budgets de l'Assemblée nationale sous prétexte que cela ferait monter les extrêmes. Mais c'était dans l'ancien monde, voyons.

PREMIÈRE PARTIE

COMMENT L'ADMINISTRATION MANIPULE LE GOUVERNEMENT

1.

Hollande en a rêvé… Macron l'a fait !

C'est une réforme masochiste qui va nous entraîner tous dans le mur. François Lenglet a bien résumé le sujet dans sa chronique matinale de RTL : le prélèvement à la source est un chef-d'œuvre de Bercy, notre chapelle Sixtine du Vatican des finances françaises. Sur ce sujet, Emmanuel Macron s'est fait piéger comme un débutant par sa technostructure.

Et, dans l'administration, on commence à flipper. Un grand plan de communication a été prévu avec 8 millions d'euros en publicité pour dire aux Français que « l'impôt s'adapte à [leur] vie », mais cela n'a pas suffi. On a de nouveau crédité 8 millions pour rassurer les Français. Au total, la réforme a déjà coûté 309 millions d'euros sur 2016, 2017 et 2018 en communication ! Dernière idée en date ? Obliger toutes les entreprises à grossir une ligne sur la fiche de paie. C'est ubuesque. Par un arrêté publié à la va-vite en mai 2018, tous les bulletins de paie du secteur privé seront modifiés pour faire apparaître une ligne avec le salaire net avant impôt. Et ce en prévision du tsunami que va représenter la baisse du salaire suite au prélèvement à la source en janvier prochain. Détail important : cette ligne doit être en caractères 1,5 fois plus gros que les autres ! Tous les stocks d'imprimés des entreprises sont à détruire.

Ces petites précautions montrent bien la fébrilité qui règne au gouvernement, et surtout à Bercy, sur le sujet.

La nouvelle complexité pour faire passer la pilule ? Chacun pourra choisir entre trois taux : un taux neutre, un taux personnalisé ou un taux individualisé. Le taux neutre reviendra à payer plus cher car il considérera le contribuable comme un célibataire ; le taux individualisé aussi dans la majeure partie des cas ; le taux personnalisé sera le plus exact mais donnera les informations personnelles du contribuable à son employeur. En gros : vous avez le choix entre dévoiler vos revenus ou payer plus cher. Sourd, le gouvernement refuse d'écouter les entreprises et les indépendants qui tirent la sonnette d'alarme et demandent un moratoire sur la mise en place du prélèvement à la source. Trop tard, la machine est lancée. Dès 2019, le ras-le-bol fiscal sera de retour.

L'augmentation de la CSG a fait des ravages sur les porte-monnaie des retraités début 2018 ? Ce n'est rien par rapport à ce qui va se passer avec le prélèvement à la source en janvier 2019 !

Cela avait pourtant plutôt bien commencé par un report annoncé par le Premier ministre, une expérimentation et un audit. Mais il semble que le gouvernement n'ait pas osé arrêter le train en marche. D'autant que les taux appliqués en début d'année 2019 ne tiendront pas compte des réductions fiscales. Les remboursements interviendront seulement l'année suivante. Bercy a juste consenti à anticiper les crédits d'impôt pour les particuliers employeurs et les personnes âgées dépendantes en janvier 2019, mais cela sera plafonné à 30 % de l'avantage fiscal. Il va y avoir de sérieux problèmes de trésorerie. Quant aux salariés à domicile, le gouvernement annonce qu'ils ne paieront pas d'impôt sur le revenu en 2019. Ubuesque. Et l'égalité devant l'impôt ? Un casse-tête en vue.

Et pour un gouvernement si prompt à vouloir faire voter le droit à l'erreur, peu d'indulgence annoncée sur le prélèvement à la source : Bercy a prévu que toute erreur de plus de 10 % serait sanctionnée, et que le délai de prescription pour le contrôle de l'année blanche serait allongé ! Bref, personne n'y comprend rien mais toute erreur de compréhension des contribuables sera présumée de mauvaise foi !

Que dire à ce monsieur âgé qui a déjà repéré que le taux qu'on lui appliquera en 2019 ne prendra en compte qu'en partie ses dépenses pour payer son aide à domicile ? Bercy lui appliquera sur sa retraite 26 % de taux d'impôt alors que son taux actuel est de 20 %. Mais que faire quand on a plus de 80 ans contre les mâchoires de fer de notre administration fiscale ?

Tous ceux qui ont approché le sujet de près à Bercy savent que le prélèvement à la source est « un truc de technos manipulé par des idéologues ». Un peu comme la Sécurité sociale qui refile son travail de remplissage des dossiers aux médecins. L'État refile son travail de prélèvement de l'impôt aux entreprises. De surcroît, il attaque au cœur l'un des principes de la France : la familialisation de l'impôt sur le revenu. Le rêve ultime de la gauche ? C'est à se demander. En mai 2006, Thomas Piketty, chantre de la taxation du capital comme du travail, écrivait dans *Libération* : « Une fusion progressive IR-CSG, avec mise en place du prélèvement à la source, est sans doute la seule façon de sortir de l'impasse dans laquelle se trouve actuellement le débat fiscal français. » Ainsi, sous des dehors techniques, le prélèvement à la source est une réforme idéologique. Et pendant qu'on individualise de plus en plus l'impôt, on familialise de plus en plus les aides sociales. Même l'aide aux demandeurs d'asile est calculée en fonction de la composition du foyer.

En fin de compte, que veulent-ils nous faire avaler ? Le prélèvement à la source, cela signifie que les particuliers ne paient plus directement leur impôt sur le revenu au Trésor public, mais par le biais de leur entreprise (ou d'un autre tiers collecteur pour les revenus de remplacement) à partir de leur fiche de paie. Les pouvoirs publics partent de l'idée que les entreprises ont une certaine connaissance du sujet, avec le paiement des cotisations sociales, sauf que pour y parvenir l'entreprise va devoir connaître certaines informations sur le salarié (notamment son taux d'imposition, sa situation familiale, etc.). Apparaît aussitôt un premier dilemme : si l'entreprise en sait trop, les économies sont importantes pour les pouvoirs publics, mais la confidentialité en pâtit et les relations dans l'entreprise aussi. Si, au contraire, on ne communique à l'entreprise qu'un taux synthétique (cas retenu dans la réforme en France), la confidentialité est mieux préservée, mais les économies au niveau des ministères financiers sont alors inexistantes.

Mais pourquoi Bercy y tient-il tant ?

Cette réforme, c'est d'abord une vieille dame conservée dans les cartons de Bercy. À l'intérieur du ministère des Finances, on nous explique que cela fait 10 ans que la DGFiP[1] publie des rapports sur le sujet. D'abord opposés, les agents ont commencé à se prendre au jeu de cette complexe réforme fiscale. Aujourd'hui, renoncer serait perçu comme un camouflet pour cette auguste direction. D'ailleurs, on voit bien que dans ses rapports, l'IGF[2] fustige à mots couverts l'attentisme

1. La Direction générale des finances publiques.
2. Inspection générale des Finances.

du gouvernement sur le sujet. Pire, de son côté, la DGFiP considérerait cette réforme comme un dû.

Il faut dire qu'ils patientent depuis bien longtemps. Tout commence en 1973, époque où Valéry Giscard d'Estaing, alors ministre des Finances, rêve d'importer la réforme en France, mais le président Pompidou n'en veut pas. Puis c'est au tour de Dominique Strauss-Kahn d'y songer dans les années 1990, mais il préfère finalement basculer sur la réforme de l'imposition « préremplie » plutôt que de déployer le dispositif en question à cause des problèmes liés à la confidentialité vis-à-vis de l'employeur et de la complexité de l'année de transition. À compter de 2002 et de l'arrivée au ministère de Francis Mer, chaque nouveau ministre des Finances trouve sur son bureau un dossier « ministre » intitulé « Imposition à la source. Avantages-inconvénients ». L'idée est finalement reprise en mars 2007 par Thierry Breton, avec le rapport Bébéar qui précise que la réforme est à portée de main pour 2 ans – trop court cependant : le quinquennat de Jacques Chirac touche déjà à sa fin et le directeur du Trésor de l'époque, Xavier Musca, est contre. La réforme reste enterrée provisoirement. François Baroin, éphémère ministre des Finances de Nicolas Sarkozy, veut s'en saisir afin de réaliser une « simplification administrative » en 2010. La Présidence s'en mêle, le timing n'est pas le bon, d'autant que le gouvernement est empêtré dans le détricotage du bouclier fiscal à 50 % ; par ailleurs, les services jouent cette fois-ci l'inertie car la réforme projetée envisageait de fusionner la DGFiP nouvellement créée et les URSSAF, avec des suppressions supplémentaires de postes à la clé. Une raison valable de faire attendre la réforme. L'idée retombe. Elle sera finalement lancée le 19 mai 2015 subrepticement par François Hollande dans un discours à Carcassonne. Le Président prend à contre-pied son propre ministre des Finances, Michel Sapin, qui, quelques jours auparavant, expliquait devant la presse que le prélèvement à la source n'était pas une priorité : « J'ai dit au président que j'étais un peu surpris [...] ça venait à un moment un peu curieux puisqu'on approchait de la fin de la législature. Je ne suis pas sûr que moi-même j'aurais appuyé sur le bouton, mais ceci dit, la décision était annoncée. » Et curieusement, à Bercy, les choses se sont mises en route. Dès le 20 mai 2015, la réforme est officiellement présentée, et pilotée à partir de l'Élysée. À compter de janvier 2016, tous les trimestres, le chef de l'État fait le point directement avec les services de Bercy en présence des ministres de tutelle. À l'offensive, la chef de l'Inspection des finances, Marie-Christine Lepetit, qui, avant et après l'élection d'Emmanuel Macron, redouble d'énergie pour que l'engrenage du prélèvement soit irréversible. Elle obtiendra finalement gain de cause, concédant seulement une mise en œuvre retardée d'un an. Gérald Darmanin, le ministre du Budget – qui y voit une « vraie mesure de simplification » ! –, la Direction des impôts et Édouard Philippe, le Premier ministre, ont aussi, il faut le dire, leur part de responsabilité. En tout cas le piège s'est refermé sur l'Élysée. On raconte qu'au Palais, on s'inquiète de la mise en place début 2019 de cette « simplification ».

Le Président aurait même évoqué durant l'été la possibilité de prendre la décision de reporter. La fébrilité est bien là.

Quelques petits problèmes

« Prélèvement à la source : accident industriel en vue ! » Ce jugement lucide vient de l'intérieur des ministères financiers et plus particulièrement de trois organisations syndicales (Solidaires finances publiques, CGT finances publiques et FO DGFiP) qui dans un communiqué commun en avril 2017 interpellent le ministre des Comptes publics en le conjurant d'ajourner la réforme : « Cette réforme présentée comme une simplification par le gouvernement se révèle au fur et à mesure de son développement une véritable usine à gaz, tant pour les agent-e-s que pour les contribuables, en raison de son inadaptation à la complexité de la fiscalité d'une part et des dispositions techniques nécessaires à sa mise en œuvre d'autre part. Le prélèvement à la source va alourdir les charges de travail sans que pour autant la simplification attendue par les contribuables soit au rendez-vous. »

Dont acte. La réforme est ajournée ou plutôt « reportée » du 1er janvier 2018 au 1er janvier 2019. L'opération communication a lieu en plusieurs temps. En mars 2017, le candidat Emmanuel Macron se veut particulièrement prudent face à ce sujet sensible, il ne veut « pas généraliser quelque chose dont [il n'est] pas certain de la robustesse technique ». Il dit donc vouloir se laisser le temps pour expérimenter pendant « une année » le prélèvement. Mais le gouvernement socialiste décide alors d'augmenter la cadence en avançant la phase de test dès l'été. Le mercredi 10 mai 2017, alors qu'Emmanuel Macron va être élu président le 14, Christian Eckert fait paraître au *Journal officiel* un décret en date du 9 précisant quelles informations les entreprises devront envoyer à l'administration et sous quelle forme. Des fiscalistes l'affirment, « si le décret [que vient de prendre le secrétaire d'État au budget] n'est pas rapidement abrogé », sa publication « va contraindre les entreprises à l'appliquer – avec des obligations pour elles à l'automne – faute d'un texte de loi qui reporterait la réforme ».

C'est chose faite dès le mercredi 7 juin au matin où, sur le perron de Matignon, Édouard Philippe, désormais Premier ministre, annonce que le gouvernement reportera la réforme du prélèvement à la source au 1er janvier 2019 au lieu du 1er janvier 2018. Et lance durant cette période un audit mené par l'IGF pendant que le Sénat a lui-même diligenté son propre audit.

Et que constate-t-on ? L'étude du Sénat conclut à un risque de charges supplémentaires important pour les TPE/PME (très petites entreprises/petites et moyennes entreprises), l'étude de l'IGF conclut que la charge sera importante aussi pour les ETI (entreprises de taille intermédiaire) et les grandes entreprises. Dans cette hypothèse, les coûts de mise en place du prélèvement à la source exploseraient pour atteindre entre 1,26 et 1,28 milliard d'euros de coût de transition, et non entre 300 et 420 millions d'euros comme veut nous le faire croire le ministère des Finances. Bref, la collecte de l'impôt sur le revenu nous coûtera collectivement plus cher.

Malgré toutes ces préventions, la réforme progresse.

Attention à l'année « blanche »

Dans la foulée cependant, les écueils les plus criants de la réforme sont corrigés à la marge : les gérants de société imposés selon les règles des traitements et salaires, les fonctionnaires chercheurs, les agents généraux d'assurance, les écrivains, les compositeurs et artistes relèvent désormais du régime des indépendants et liquideront leur IR par acomptes. Ensuite, les sanctions prévues pour le contribuable qui « modulerait » son taux d'imposition sont supprimées. Seules demeurent celles prévues en cas de modulation excessive à la baisse. Enfin, l'amende prévue par les collecteurs (entreprises, organismes payeurs) en cas de défaut de versement passe de 500 à 200 euros.

Toutefois, à ces avantages est adjoint un durcissement des mesures existantes. Notamment s'agissant de la terrible année blanche 2018 et de son crédit d'impôt. En effet, si en 2018 les contribuables paieront les impôts afférents aux revenus 2017, en 2019, ils liquideront directement ceux de leurs revenus de l'année en cours. *Quid* de l'année 2018 ? L'année de transition ne sera pas indolore pour tout le monde. Car Bercy a cherché à contrer tout effet d'optimisation pour l'année de transition. Résultat, seuls les revenus courants sont « neutralisés ». En revanche, les revenus jugés « exceptionnels » ne bénéficieront pas de l'année blanche et devront être déclarés en mai 2019. L'impôt sur ces revenus devra être payé en septembre 2019 et s'ajoutera à l'impôt à la source collecté en 2019. Or, la catégorie des revenus « exceptionnels » est très large : on y trouve les indemnités de rupture de contrat de travail ou de départ à la retraite, la participation et l'intéressement non versés sur un plan d'épargne, mais aussi les primes et les bonus annuels lorsqu'ils ne sont pas prévus au contrat de travail.

Certains indépendants gagnant la même chose que leurs collègues salariés, mais dont les revenus vont être scrutés sur 3 ans et non sur un an (on peut penser à des avocats par exemple), ont déjà prévu de faire des recours au Conseil constitutionnel sous l'angle de l'iniquité devant l'impôt. Ils pourraient gagner. Quant aux experts-comptables, ils caressent secrètement le projet de la grève de l'impôt. Et là, on ne sait plus où l'on va. D'autant qu'a déjà eu lieu début 2018 un bug informatique sur un million de déclarations préremplies suite à « un problème de transmission de données fiscales ». Ce bug serait lié au prélèvement à la source. Cela ne présage rien de bon. Cela fait même froid dans le dos ! L'année fiscale 2019 sera rock ou ne sera pas. Et c'est finalement le Président qui paiera la facture.

2.

On planque encore (et toujours) les données

Vous voulez connaître le nombre de jours de grève en France ? La meilleure statistique est faite par un organisme allemand ! Ce dernier récolte et compile des données que la France est obligée de fournir à Eurostat. En France ? Ce chiffre n'existe pas. Vous voulez savoir combien d'agents publics passent entre les mains des syndicats et dans la machine du paritarisme ? Passez votre chemin. Vous souhaitez consulter les comptes annuels de l'ENA ? *Niet* aussi[1]. Savoir combien le cumul des aides et des prestations sociales peut rapporter au maximum par rapport à un SMIC travaillé ? Ça, même le Parlement n'y a pas accès, c'est pourtant lui qui vote les budgets sociaux. Les données relatives à notre système de solidarité sont très bien verrouillées et, surtout, pas accessibles à ceux qui financent cette solidarité nationale. Le nombre de jours d'absence des agents publics ? « Euh, en quoi ça vous regarde ? » répondent les employeurs

1. Voir annexe 3.

publics. C'est encore plus piquant lorsqu'il s'agit des agents des CPAM, ceux-là mêmes qui sont censés contrôler les jours d'absence dans le privé.

La liste des chiffres cachés est longue et laborieuse. Et lorsqu'ils sont publiés, ils ne sont généralement pas glorieux. Encore faut-il réussir à les trouver, et rares sont ceux qui, une fois des données secrètes récoltées, choisissent de les publier. On pourrait ne plus leur faire confiance et ne plus leur transmettre le précieux sésame. L'omerta s'entretient efficacement.

À Paris, on planque 12 milliards d'euros d'emprunts

La dette de Paris ? Elle s'établit à 5,5 milliards d'euros au 31 décembre 2016 selon l'état officiel. Elle se partage entre 3,8 milliards d'emprunts obligataires publics et 1,3 milliard d'emprunts auprès d'établissements de crédit dont les grandes banques françaises BNP Paribas, Société générale, Caisse des dépôts et consignations, Crédit agricole, mais aussi 640 millions d'euros d'emprunts auprès de la Banque européenne d'investissement et – plus original – 360 millions d'euros d'emprunts Schuldschein, instruments de crédit semi-obligataires qui combinent les caractéristiques des obligations et des prêts bancaires, souscrits auprès de la banque Helaba, banque d'affaires du Landesbank Hessen-Thüringen !!

Elle a augmenté de 964 millions d'euros en un an. Une progression inquiétante, mais quand on entend les caciques de la mairie, il n'y aurait rien à dire car la Ville de Paris ne serait pas plus endettée que ses homologues, Marseille ou Bordeaux, par exemple.

Fouillons un peu les documents de la capitale. En plus de la dette officielle de 5,5 milliards, nous trouvons des emprunts garantis par la Ville pour 12,2 milliards à rembourser jusqu'en 2081, soit 63 ans. Une bagatelle. Il s'agit essentiellement d'organismes HLM, on y compte aussi quelques associations caritatives. Les organismes de logements sociaux recourent de plus en plus à la garantie des collectivités locales pour se financer. Dans le cadre du budget 2018, ces organismes ont vu leurs recettes rognées par le gouvernement et, suite à une vague de contestation, ont obtenu de la Caisse des dépôts un rallongement des emprunts. Une opération derrière laquelle les collectivités reniflent une bonne affaire, pour la Caisse mais pas pour elles puisqu'elles sont placées devant le fait accompli alors même que leur risque s'accroît ! L'exposition de la Ville de Paris sur ce risque doit donc inciter à la plus grande prudence ! Évidemment, cette dette étant hors bilan[1], personne n'en parle jamais. Et quel Parisien la connaît ?

1. Ne figure pas dans les comptes administratifs de la ville.

Dette(s) de la SNCF : ne regardez pas dans les placards

Il n'y a pas qu'à Paris que la dette est poussée sous le tapis. À la SNCF, ils l'appellent la « dette grise ». Il s'agit d'une part cachée de la dette de la SNCF.

Dette officielle : 54,4 milliards d'euros que l'État, pour pouvoir réformer le statut des cheminots, vient de reprendre en partie (ce sera donc aux contribuables de la payer).

Dette officieuse ? Ce chiffre n'a jamais été rendu public. Sauf dans le débat parlementaire citant 10 à 15 milliards d'euros supplémentaires à cause, entre autres, de lignes TGV mal budgétées mais impossible de le vérifier et pour cause, aucun calcul officiel n'a été publié. Pourtant, cette dette existe bien et c'est encore probablement le contribuable qui va devoir l'assumer. D'où vient-elle ? Elle sert à dissimuler les mauvais calculs du coût des quatre dernières lignes à grande vitesse construites et de leurs péages. Leurs coûts avaient été (sciemment) sous-estimés au moment de l'annonce des constructions, ou plutôt leurs succès en termes de vente des billets de train avaient été largement surestimés. Cela a permis à l'État et aux collectivités locales de limiter leurs financements. Dix ans plus tard, pour rembourser les emprunts, SNCF Réseau a dû beaucoup s'endetter car les lignes sont moins empruntées qu'escompté.

Et il ne faut pas oublier les engagements hors bilan – ici aussi – de la SNCF, c'est-à-dire les engagements qui ne sont pas publiés dans les comptes de l'entreprise. On parle de 1,2 milliard d'euros, mais là encore, difficile de trancher, ce chiffre n'existant nulle part.

La Caisse n'a pas les données ?

Écoutons l'histoire de cet entrepreneur dans le nettoyage qui, quand il souhaite embaucher en CDI à plein temps, se voit rétorquer par la personne qu'il emploie à mi-temps que c'est plus intéressant de travailler à mi-temps en CDD, de toucher en plus les aides sociales tout en travaillant un peu sans le déclarer, de toucher en fin de CDD la prime de précarité et de se faire réembaucher ensuite. Ça, c'est dans le Nord, mais cela existe partout.

Dans le Sud, cet expert-comptable de Montpellier n'en revient toujours pas : une cliente était venue le voir pour monter son entreprise mais demandait la garantie de gagner au moins 5 000 euros net par mois. Pourquoi ? Tout simplement parce que en cumulant les aides sociales et du travail non déclaré, elle arrivait déjà à 5 000 euros net mensuels et non imposables. Alors, quand l'expert-comptable lui répond qu'il ne peut rien garantir sur les revenus qui seraient générés par sa potentielle entreprise, que le maximum lui semblerait être 3 000 euros par mois, elle répond que, finalement, cela ne l'intéresse pas.

Discours équivalent quand on s'adresse à un veuf ou une veuve qui touche une pension de réversion et qui travaille : pas question de déclarer trop d'heures au risque de perdre sa pension de réversion, le maximum est de 1 650 euros par mois. Cela dit, pour du non-déclaré, on peut s'arranger. On dirait que notre système est parfois pensé pour que les Français soient désincités à déclarer leur travail.

On le voit bien quand on utilise le simulateur du gouvernement[1] : un couple, sans travail, avec un enfant à charge peut toucher 1 413 euros[2] d'aides en cumulé, mais si ce couple se déclare pour l'un célibataire et pour l'autre parent isolé, ils pourront cumuler jusqu'à 1 817 euros[3] d'aides

1. Ce calcul a été effectué à partir du simulateur fourni sur le site https://mes-aides.gouv.fr, qui récapitule 27 aides nationales et 10 aides locales pour Paris. Il faut leur ajouter l'allocation de rentrée scolaire (30 euros par mois par enfant), et le pass Navigo gratuit pour ceux qui perçoivent le RSA ou bénéficient de la CMU-C. Le loyer à payer est supposé être de 600 euros plus 100 euros de charges par mois. L'enfant à charge peut être âgé de 3 à 13 ans.

2. Couple avec 1 enfant à charge, sans ressources : 1 413 euros d'aides cumulées (APL, RSA, Paris logement, Paris énergie familles, ARS).

3. On compte un célibataire sans enfants et sans ressources, hébergé gratuitement : 480 euros d'aides et pass

par mois. Ce type de fraude, dit à l'isolement, est répandu (16 % des cas de fraudes détectés[1]) et représente un gain de 404 euros par mois. En face, un couple dont l'un travaille au SMIC à temps plein (1 188 euros net) touchera en complément 890 euros d'aides dont la prime d'activité pour un revenu total en fin de mois de 2 078 euros[2]. Le travail leur donne donc un gain de 665 euros par mois face à un couple honnête qui se déclare sous le même toit et qui ne travaille pas, et un gain de seulement 261 euros face à un couple aux membres faussement isolés.

Il semble donc qu'autour du SMIC le travail n'apporte, en proportion de sa rémunération, qu'une amélioration très modeste des revenus par rapport à l'absence d'activité. Problème : un peu plus de 10 % des salariés du secteur privé sont

---

Navigo gratuit. On y ajoute un célibataire avec 1 enfant à charge, sans ressources avec un loyer à payer : 1 337 euros d'aides cumulées (APL, ASF, chèque énergie, CMU-C, RSA, Paris logement familles monoparentales et Paris énergie familles et ARS) plus CMU-C et pass Navigo gratuit.

1. En 2010, la Caisse nationale d'allocations familiales détectait 13 114 cas de fraudes dont 30 % de fraudes à l'isolement. En 2017, la Caisse a détecté 42 959 cas de fraudes (+ 8 % par rapport à 2016, le nombre de fraudes détectées augmentant chaque année) dont 16,5 % de fraudes à l'isolement.

2. Couple avec 1 enfant à charge dont 1 salaire au SMIC (1 188 euros net) et payant un loyer : 890 € d'aides cumulées (ACS, APL, chèque énergie, Paris logement, Paris énergie familles dont 420 euros de prime d'activité).

payés au SMIC. On pose la question à l'administration de la désincitation à prendre un emploi déclaré quand on cumule des aides. L'administration répond que les chiffres de simulation des droits ne sont pas les chiffres des montants perçus. Ah ? Les bénéficiaires perçoivent-ils moins que ce à quoi ils ont droit ? On demande donc à consulter ces données-là, mais cela semble tout de suite très compliqué. La Caisse nationale des affaires familiales répond dans un premier temps que ces données relèvent du secret statistique. On insiste quand même, pas besoin de connaître l'identité des bénéficiaires mais juste d'accéder aux statistiques. C'est encore un refus car, comprenez bien, la charge de travail pour traiter ces données est équivalente à celle de « 3 jours ETP[1] d'un chargé d'études statistiques et de 0,5 jour d'un responsable de pôle », 3 jours et demi de travail que la Caisse nationale n'a pas le temps ni les moyens d'effectuer. Pire, cela voudrait-il dire que la Caisse elle-même n'a jamais traité ses propres données ? Cet échange, c'était en 2016, et malgré un avis favorable de la Commission d'accès aux documents administratifs[2] en faveur de la publication de ces données, on attend toujours. On aimerait le croire. Bizarrement, quand on remonte le fil des informations parlementaires sur le sujet,

1. ETP : équivalent temps plein.
2. La CADA.

on se rend compte que, même dans le cadre de leur rapport sur le sujet des aides sociales et du revenu universel, les sénateurs n'ont pas voulu (ou souhaité) accéder aux fameuses données de la CNAF.

Pourquoi ? Parce qu'ils devaient entretenir de bons rapports avec la Caisse pour avoir certaines évaluations. Quand on pose la question à Matignon, c'est encore plus simple : ils ne comprennent vraiment pas ce qu'on pourrait bien faire avec de telles données individuelles sur les montants réellement versés aux foyers qui en bénéficient. Ben voyons !

Il est pourtant plus que temps de jeter un œil au « pognon » – comme dit notre président – de la CNAF. En 2013, il avait été estimé que la Caisse versait 2 milliards d'euros à tort, notamment à cause des délais d'actualisation trop longs des dossiers, mais aussi à cause de versements erronés (20 %). En 2019, la Caisse espère récupérer 1,4 milliard d'euros avec la modernisation des déclarations.

Jours d'absence ou l'arroseur arrosé

Sur ce volet des caisses d'assurance maladie, nous avons bien eu accès aux données (hourra !). Il aura fallu les demander individuellement à chaque caisse primaire d'assurance maladie (CPAM) et avoir recours à la CADA (Commission d'accès aux documents administratifs) à plusieurs reprises pour, au bout de 2 ans, avoir accès à la moitié des bilans sociaux des CPAM.

Le résultat est gigantesque : le nombre de jours d'arrêts toutes causes se situe en moyenne à 36,8 jours par agent et par an.

Les trois meilleures caisses sont le Tarn avec 21,4 jours par an et par agent, la Dordogne (22,5) et la Drôme (22,9). En revanche, les trois plus mauvaises caisses affichent des résultats édifiants : dans les Hauts-de-Seine, on compte 69 jours d'arrêt en moyenne, dans la Loire, les jours d'arrêt se montent à 61,5 jours, dans le Nord à 58,5 jours.

Pour comprendre ces chiffres pharaoniques, nous avons contacté la CPAM des Hauts-de-Seine. Les responsables expliquent que figurent dans les effectifs absents 119 agents classés en invalidité de 2e catégorie. Ces agents, qui ne sont plus physiquement à la caisse, même s'ils y sont toujours rattachés, sont décomptés dans les jours d'absence pour maladie ordinaire supérieure à un mois. Au total, ils représenteraient 40 333 jours d'absence sur 68 499 ce qui fait que, si on les retire, il n'y a plus « que » 19,5 jours d'absence pour maladie ordinaire. Sauf que…

Rebondissant sur la publication de ces chiffres, c'est une équipe de télévision qui a enquêté sur le sujet, pour *Capital*, et là, le discours de la CNAM change : on explique aux journalistes que les chiffres issus du traitement des bilans sociaux ne seraient pas les bons. Quand les journalistes insistent pour avoir accès aux « bons » chiffres, impossible d'obtenir des explications complémentaires !

De toutes les branches du régime général, ce sont les CPAM qui sont les plus touchées selon la Cour des comptes, qui souligne qu'il y a une forte dispersion des absences selon les caisses, les régions les plus touchées étant PACA, l'Île-de-France, le Nord-Pas-de-Calais, la Lorraine et la Corse. Et la Cour de conclure : « Le constat d'un absentéisme récurrent, élevé et fortement disparate selon les organismes traduit la faible attention portée à cette question pourtant majeure en termes de vie au travail, comme de productivité. » Un constat s'impose : les caisses d'assurance maladie, celles-là mêmes qui veulent « aider » les entreprises à faire baisser leurs nombres de jours d'absence, enregistrent des nombres records de jours d'absence de leurs agents, et de leur propre aveu ne s'intéressent pas à ces données.

Données de santé : rien ne filtre

On a donc des caisses d'assurance maladie incapables d'analyser leur situation. Mais pire, la Caisse nationale d'assurance maladie est aussi très en retard dans l'utilisation des données de santé. Une situation pour le moins paradoxale car le marché français de l'e-santé est estimé à environ 3 milliards d'euros, avec 30 000 à

40 000 personnes qui travaillent dans ce secteur, et une explosion du nombre de start-up dans ce domaine. Pourtant, contrairement à d'autres marchés en Europe (le Royaume-Uni par exemple) et aux États-Unis, la France n'a pas encore de politique volontariste réellement ambitieuse en la matière.

Les applications de santé (rappelant la prise d'un médicament, le taux de glycémie dans le sang, etc.), les robots en chirurgie, la télémédecine constituent de véritables outils qui facilitent la vie des malades au quotidien et permettent en même temps à la collectivité de générer des millions d'économies.

Mais ça bloque. Lorsque, en 2016, l'assureur italien Generali a annoncé vouloir lancer l'assurance au comportement Vitality, la ministre a retoqué le projet, rappelant l'interdiction pour les compagnies d'assurance de consulter les données de santé de leurs clients. Par crainte de dévoiler la mauvaise gestion des dépenses de santé ? La transparence des données publiques, éternelle promesse gouvernementale, n'est pas pour tout de suite !

3.

Les impôts ne baissent pas d'un euro

C'était Moscovici, en septembre 2014. Un concept venait de naître : « La pause fiscale elle a lieu maintenant, elle commence maintenant, elle se poursuivra en 2015, et nous irons plus loin car l'objectif est bel et bien que les prélèvements obligatoires dans ce pays puissent diminuer. » Quelle plaisanterie ! La pression fiscale est encore montée d'un cran. Et après la pause fiscale, notre gouvernement du nouveau monde a inventé la « pause de la création fiscale ». Avec ce nouveau leitmotiv, on peut augmenter les impôts à condition de ne pas en créer de nouveaux.

Mai 2018. Rencontre à Bercy. « Alors c'est formidable, il paraît que vous êtes enfin décidés à baisser les taxes sur la production qui pèsent sur les entreprises et nous empêchent d'exporter ? » Notre interlocuteur, visiblement fatigué, explique que « oui oui, c'est prévu, mais je ne sais pas combien et quand : il n'y a pas de sous ! Et les dépenses ne baissent pas non plus ! ».

Combien de fois les impôts supprimés ont-ils

été ensuite répercutés sur d'autres impôts ? Rappelons-nous, en 2004, la fausse suppression de la taxe professionnelle annoncée dans les vœux aux Français par le président Jacques Chirac ; elle avait été très rapidement remplacée par une cascade de taxes locales pesant sur les mêmes entreprises et freinant tout autant la compétitivité. La nature fiscale a horreur du vide. Et elle nous a bien gâtés ces dernières années.

C'est bien simple, un document confidentiel d'orientation d'un groupe de travail lancé par le ministre de l'Économie pour faire le point sur la « fiscalité de production » est très clair sur le sujet : « Sur la période 2007-2016, on note, malgré l'effet lié à la suppression de la taxe professionnelle et de deux tranches de la C3S[1], une hausse de 12 milliards des impôts sur la production payés par les entreprises. Ceci s'explique, notamment depuis 2012, par le dynamisme de la contribution économique territoriale, de la taxe foncière et du forfait social. »

La France en 2017 et 2018 bat le record de l'OCDE du niveau des prélèvements obligatoires. Jamais les Français n'ont payé autant d'impôts. Nous avons dépassé la barre symbolique des 1 000 milliards d'euros de prélèvements. Un vrai pressoir. Nous sommes même passés devant les Danois, alors que ces derniers étaient jusqu'à présent l'alibi préféré des adorateurs de l'impôt

1. Contribution sociale de solidarité des sociétés.

car ils permettaient de dire qu'il y avait pire que nous en Europe. En 2016, les prélèvements fiscaux et sociaux ont représenté 47,6 %[1] du PIB en France, contre 47,3 % au Danemark, deuxième du classement, et 46,8 % en Belgique. Celles qui trinquent le plus sont les entreprises avec 16,1 % du PIB en impôts et taxes, soit plus de 50 milliards de plus à payer par rapport à la moyenne européenne !

Dans son programme, Emmanuel Macron avait inscrit 20 milliards de baisse nette des prélèvements d'ici à 2022. Mais, en 2018, si on additionne la baisse des cotisations salariales et de la taxe d'habitation, la hausse de la CSG, du prix du paquet de cigarettes et l'envolée des taxes sur le diesel, les impôts ont augmenté pour les ménages de 4,5 milliards d'euros.

Juste un effet de calendrier ? C'est ce que tente de justifier le gouvernement en expliquant que les baisses d'impôts sont en deux temps alors que les hausses, elles, sont bien pour tout de suite. Un jeu de bonneteau savamment orchestré par une administration fiscale qui sait bien que les dépenses ne vont pas baisser et donc qu'il faut prévoir en face de chaque baisse d'impôts une hausse ! Alors, par-ci par-là, l'administration crée des petites taxes dites poétiquement « comportementales » sur le tabac, l'essence. Des « petites » taxes qui devraient coûter aux Français

1. « Tax revenue statistics », Eurostat, décembre 2017.

plus de 7 milliards d'euros supplémentaires cette année.

Pour montrer qu'il s'attaque au problème, le gouvernement communique aujourd'hui sur la suppression de 25 petites taxes. Il compte notamment supprimer la taxe farine dont le coût de collecte est de 20 % des recettes : 400 millions d'euros de gagnés pour les Français sur 5,3 milliards d'euros, soit la totalité de la collecte des 192 petites taxes, qui ont chacune en moyenne un rendement inférieur à 150 millions d'euros. Supprimer les taxes dont le rendement est inférieur à 100 millions d'euros permettrait déjà de faire économiser aux Français 2,5 milliards d'euros ! Encore faudrait-il que le gouvernement en ait envie. Comme le dit Bercy : « Le but n'est pas d'en supprimer le plus possible, mais d'arrêter les plus nocives, les moins efficaces. » Alors forcément, il est possible de douter quand Gérald Darmanin annonce : « Je proposerai même un moratoire sur la création de nouvelles petites taxes » à l'horizon 2019. En attendant, la dynamique ne s'est jamais mieux portée puisque si entre 1970 et 1997 la moyenne des taxes nouvelles créées annuellement s'élevait à 1,7, elle est depuis passée à 6,6 par an.

Plutôt que de s'attaquer au problème, le gouvernement préfère organiser un complexe jeu de bascule fiscale où les ménages français vont bénéficier de 24,4 milliards d'euros de baisses d'impôts directs et très visibles, tout en devant s'acquitter, dans le même temps, de près de 29 milliards d'euros de prélèvements supplémentaires ! De son élection à fin 2017, le gouvernement d'Emmanuel Macron a créé 8 nouvelles impositions : une taxe sur le tabac, une taxe sur les hydrocarbures, une taxe sur les gîtes géothermiques, une taxe sur les plus-values de ventes de logements par les offices HLM, une taxe sur les industries de fabrication de papier, une contribution exceptionnelle sur les redevables de l'impôt sur les sociétés réalisant un chiffre d'affaires supérieur à un milliard d'euros et une autre sur ceux réalisant un chiffre d'affaires égal ou supérieur à 3 milliards d'euros. Et en dernier, la création de l'IFI en remplacement de l'ISF. Cela revient à une nouvelle taxation par mois.

Retour sur les trois tours de passe-passe les plus récents de notre histoire fiscale.

La taxe illégale

Remontons à l'arrivée de François Hollande à l'Élysée en mai 2012. Quelques semaines plus tôt, la justice européenne a annulé une taxe portant sur certains dividendes. Sans trop réfléchir et pour trouver les recettes manquantes, le gouvernement décide d'instaurer une taxe à 3 % sur les dividendes versés aux grands groupes par leurs filiales étrangères, excluant toutefois les entreprises « intégrées fiscalement », qui payent en France la totalité de leurs impôts.

Dès le départ, certains experts estiment que la taxe ne respecte pas les règles européennes. Cela ne rate pas, la taxe est annulée et les entreprises sont en droit de demander le remboursement. Après avoir tablé sur 4 milliards d'euros, puis 5,7 milliards, Bercy évalue désormais la facture à près de 10 milliards d'euros, dont la moitié pour seulement 13 multinationales.

Septembre 2017, la nouvelle administration d'Emmanuel Macron propose, pour sortir de l'étau, une nouvelle disposition fiscale (!) qui permettrait de récupérer une partie des sommes. Une surtaxe d'impôt sur les sociétés pour les plus grands groupes. Elle sera de 3 % ! Une mesure de rendement, décidée à la va-vite pour remplir les caisses publiques, sans étude d'impact et sans connaissance des mauvais effets potentiels sur l'économie. C'est d'ailleurs ce qu'avait souligné le Conseil constitutionnel avec la première mouture du texte. Tous savaient à Bercy et à l'Élysée que cette taxe avait de sérieuses chances de se faire retoquer par le Conseil et par l'Union européenne. La fragilité du dispositif est donc importante.

Le tout sans que jamais, dans l'administration, l'option d'une baisse des dépenses ne soit examinée véritablement. Les dépenses 2017 ont dérapé de 4,1 milliards d'euros[1], le déficit ne s'améliorant que grâce aux rentrées fiscales et aux soldes des budgets annexes et comptes spéciaux excédentaires.

Et pourtant, le Conseil constitutionnel valide la taxe en refusant de censurer la mesure au motif que les entreprises concernées dégageraient plus d'un milliard d'euros de chiffre d'affaires, donc supposées archi-solvables. Il faudra attendre mai 2018 pour que l'Institut de statistique européen donne son aval à l'opération. Ces méthodes expéditives devraient donner à réfléchir. Elles montrent également la considération dans laquelle l'État tient les grandes entreprises et les limites du principe de légalité en matière fiscale lorsque la nécessité budgétaire fait droit à cause des coups partis de la précédente majorité. Absurde.

CSG, cotisations : qui y gagne, qui y perd ?

La baisse des cotisations sociales en janvier 2018 (– 2,2 points) et en octobre 2018 (– 0,95 point) est un engagement du président Macron pour redonner du pouvoir d'achat aux ménages. En face, on trouve la hausse de la CSG, effective depuis le 1er janvier 2018. Un écart de 9 mois

1. Voir Cour des comptes, « Le budget de l'État en 2017 ».

entre les deux mesures qui doit permettre à Bercy de bénéficier d'un effet de trésorerie non négligeable d'environ 4,5 milliards. Mais n'allons pas croire que c'est ce qui les intéresse : le gouvernement explique vouloir redistribuer plus de 7 milliards d'euros aux actifs avec cette mesure.

Chaque année, la hausse de la CSG représentera une recette supplémentaire de 22,5 milliards d'euros pour les finances publiques. En face, les allègements de cotisations sociales pour les salariés et les indépendants représenteront un coût pour le Trésor de 21 à 22,4 milliards d'euros, suivant les estimations[1].

Ainsi, un retraité touchant 2 000 euros de retraite verra sa pension amputée d'une trentaine d'euros par mois tandis qu'un salarié touchant 2 000 euros de revenu net par mois verra son revenu augmenter d'une trentaine d'euros par mois à partir d'octobre. Environ 7 millions de retraités seront concernés par la hausse de la CSG sur 17 millions de retraités. Pour les indépendants, la mesure équivaut à une quasi-suppression de la cotisation d'allocations familiales et une exonération élargie des cotisations d'assurance maladie et maternité. Et pour les agents de la fonction publique ? Ils ne cotisent ni à l'assurance maladie ni au chômage, mais le gouvernement ne pouvait pas les oublier, alors pour eux, la mesure de hausse de la CSG de 1,7 % est compensée par la

1. Voir rapport sénatorial du PLFSS 2018, tome II.

suppression de la contribution exceptionnelle de solidarité sur le chômage et l'octroi d'une prime de compensation.

L'effet négatif de cette bascule concerne donc essentiellement les retraités, mais le gouvernement promet qu'il y aura compensation par la baisse de la taxe d'habitation : toujours le même schéma, une hausse immédiate, une baisse (annoncée). Mais sur 7 millions de retraités concernés, seuls 600 000 seront gagnants en 2018 et 3,2 millions en 2020. Il n'y a donc finalement aucune baisse de la pression fiscale.

Taxe d'habitation : exonérée à 80 ou à 100 % ?

C'est la promesse de campagne la plus spectaculaire d'Emmanuel Macron. Une mesure qui paraît simple et qui parle (et plaît) au plus grand nombre : « Pour cette France périphérique, ma principale mesure est la suppression de la taxe d'habitation pour 80 % de nos concitoyens. Cet impôt est injuste car il est plus élevé dans les villes de province ou les petites villes que dans les métropoles. »

Cette taxe bien connue des Français est un impôt local dû par tout contribuable (propriétaire ou locataire) occupant au 1er janvier de l'année une habitation en tant que résidence principale ou secondaire. 30 millions de feuilles d'imposition à la taxe d'habitation sont émises chaque année, cependant 4,9 millions de ménages ne l'ont pas payée en 2016, soit parce qu'ils sont déjà bénéficiaires d'une exonération totale, soit parce que les abattements dont ils jouissent ont conduit à une annulation de leur impôt. La taxe d'habitation a rapporté 23 milliards d'euros aux communes et intercommunalités en 2016. En 2020, elle aurait rapporté 26 milliards d'euros. C'est environ un tiers des recettes du bloc communal.

La baisse progressive a été votée dans le budget 2018 : – 30 % en 2018, – 65 % en 2019, – 100 % en 2020. À terme, 80 % des ménages aujourd'hui assujettis devaient ainsi se voir dégrevés de la taxe d'habitation pour un gain de 3 milliards en 2018, 6,6 milliards en 2019 et 10,1 milliards d'euros à compter de 2020. Le seuil d'exonération n'est pas uniforme. Il dépend de la composition du foyer fiscal selon les critères choisis par le gouvernement et l'exonération ne concerne que la résidence principale et donc pas les 3,3 millions de résidences secondaires (montant estimé à 2,3 milliards d'euros).

Même si la taxe d'habitation est critiquable pour son caractère inéquitable (elle est très variable selon les communes), lié notamment à l'obsolescence de ses bases, et pour son coût de collecte important, sa suppression sur la résidence principale pour 80 % des ménages impliquerait une très forte concentration de l'impôt sur les 20 % de ménages restants.

Cette hyperconcentration aurait pu déboucher – même si cela n'a pas été le cas en décembre 2017 – sur une censure du Conseil constitutionnel pour rupture caractérisée d'égalité devant les charges publiques. D'où l'annonce d'une suppression totale, à 100 %, de la taxe d'habitation en 2020 sur l'ensemble des résidences principales.

Cela aboutira à un véritable casse-tête fiscal local sur lequel se penchent tous les hauts technocrates mais aussi tous les maires. Sachant que le gouvernement s'est engagé noir sur blanc à ne pas créer de nouvel impôt pour compenser la suppression de la taxe d'habitation, il ne peut que jouer à la hausse sur des impôts déjà existants, voilà le retour du bonneteau fiscal !

Le Comité des finances locales entrevoit une solution (un peu tordue) : transférer la part départementale de la taxe foncière au bloc communal, afin de déplacer 16 milliards d'euros dans le giron des communes et intercommunalités à l'horizon 2020. Mais il manquera encore 10 milliards ! Et pour combler le trou créé dans les recettes des départements, l'idée du Comité des finances locales est d'augmenter – à nouveau – la CSG, d'environ 1,3 point ! L'imagination fiscale n'a peur de rien, pas même du ridicule.

Vous trouvez ça compliqué ? C'est parce qu'au moment où Emmanuel Macron a fait cette promesse assez irréaliste, personne n'avait réfléchi à comment ils allaient procéder. Aujourd'hui, cette réforme apparaît sans finalité. Sert-elle à concentrer plus l'impôt ? À exonérer de tout impôt local les locataires et faire haro sur les propriétaires ? À créer une taxe foncière en fonction des revenus ou une fraction spécifique en direction des locataires ? À surtaxer encore plus les résidences secondaires (2,3 à 2,6 milliards) sous couvert de lutte contre Airbnb en fusionnant cette part de taxe d'habitation avec la taxe de résidence ? Toutes les mauvaises fées de la fiscalité semblent se pencher sur ce berceau issu d'une promesse électoraliste mal ficelée. Et on évoque aussi une nouvelle augmentation des droits de mutation, les fameux frais de notaire, pour financer les départements exsangues ! Tant pis si la mesure congèle un peu plus les transactions foncières et nuit à la mobilité professionnelle.

N'y avait-il pas de dossiers plus urgents ?

Tous ces jeux de Lego frisent le ridicule. Décidément, même sous Macron, la frénésie fiscale se porte bien.

4.

Emploi, le grand bluff

Il éructe. Furieux. Comment une fille intelligente comme vous peut-elle dire des choses pareilles ? Quoi ? Citer les chiffres de l'INSEE ? Pôle emploi n'aime pas qu'on dise dans la presse que seulement 8,8 % des personnes ayant retrouvé un emploi dans l'année l'ont retrouvé grâce à Pôle emploi et que plus de 40 % ont réussi grâce à une candidature spontanée ou à leur réseau (25 %). Car ces chiffres montrent bien les limites du rôle de placement de l'agence publique.

Le premier chiffre qui s'affiche fièrement sur la page du site de Pôle emploi est pourtant, sans complexe aucun, celui de 1 049 200 de personnes qui ont retrouvé un emploi en France durant le premier semestre 2017. Étrangement, impossible de trouver sur le site le nombre de personnes qui en ont retrouvé un grâce à l'agence. De toute façon, depuis février 2018, les statistiques relatives aux demandeurs d'emploi inscrits à Pôle emploi seront publiées, non plus mensuellement, mais trimestriellement[1]. Maintenant, on parlera surtout des bons chiffres et des bonnes nouvelles, par exemple du nombre des créations d'emplois : 268 800 emplois salariés en 2017.

Problème, entre les chiffres de Pôle emploi et ceux de l'INSEE, il y a plus de 900 000 personnes d'écart. Un détail ! Ce serait parce que les personnes sans travail s'inscrivent à Pôle emploi mais ne cherchent pas vraiment et donc ne sont pas considérées comme chômeurs au sens du BIT[2] (*sic* !).

Pôle emploi, une histoire française

Depuis 1967, les Français connaissent bien l'ANPE créée à l'époque par Jacques Chirac, alors qu'il était secrétaire d'État à l'Emploi. Le taux de chômage était alors de 2 %, cela fait rêver. En 1975, le budget de l'agence était de 208 millions d'euros, il est maintenant de plus de 5 milliards. Entre-temps est intervenue la fusion avec l'UNEDIC.

Depuis 2009, les coûts des personnels ont explosé. Cela rassure les présidents, que ce soit Sarkozy ou Hollande, chaque fois que le chômage

1. Dans la collection « DARES Indicateurs », sur les sites Internet de la DARES (Direction de l'animation de la recherche, des études et des statistiques) et de Pôle emploi.

2. Bureau international du travail.

augmentait, ils annonçaient des embauches ! Depuis 2009, l'agence est passée de 43 500 à 49 500 agents. Mais pour quelles améliorations ? Les moyens humains de Pôle emploi sont inégalement dispersés et inadaptés : 22 % du temps de travail est consacré à des fonctions de gestion et de management, alors que l'accompagnement des chômeurs ne représente que 30 % du temps. Sur 54 000 agents, seuls 32 000 se consacrent exclusivement au conseil à l'emploi mais cela, sans spécialisation aucune par secteur. « Coûts croissants », « dispersion des moyens », « connaissance insuffisante des besoins des demandeurs d'emploi et des entreprises » ; la Cour des comptes liste sans complaisance les points noirs du fonctionnement de l'agence. Vous trouvez cela anormal ? Ça l'est.

On devine qu'on n'a rien compris. Vous pensiez que Pôle emploi était chargé du placement des chômeurs ? Pas du tout !! L'agence fait du « suivi » et de l'« accompagnement ». Le placement ? *Pffft*, Pôle emploi aide maintenant les personnes à mieux aborder l'épreuve d'un entretien. Avec des cours pour savoir se présenter, s'habiller. Une version Pôle emploi du relooking façon Cristina Córdula. Aider les demandeurs à décrocher un job n'est clairement plus son cœur de métier. Ça, les entreprises l'ont bien compris. Devant une assemblée de jeunes chefs d'entreprise du Finistère, quand on leur demande qui compte sur Pôle emploi pour recruter, une seule main se lève. Au bout du compte, chaque année, quelque 400 000 entreprises utilisent les services de Pôle emploi quand la France compte 3,4 millions d'entreprises.

La réalité, c'est que depuis plusieurs années et sans le dire, l'agence se concentre quasi exclusivement sur les personnes très éloignées de l'emploi, comme on dit. Sauf que seulement 300 000 chômeurs sont suivis dans ces conditions et 75 % des demandeurs d'emploi placés en accompagnement « renforcé » n'ont bénéficié que de 4 contacts en 6 mois avec leur conseiller. Et pour les millions d'autres ? Ils sont censés être plus ou moins autonomes, classés dans les catégories « externalisé » (contacts plus fréquents) ou « suivi » (c'est-à-dire livrés à eux-mêmes).

Il faut fouiller dans les indicateurs de performance pour se rendre compte que le placement n'est plus LA mission essentielle de l'agence. L'accompagnement, oui. Lapidaire, la Cour des comptes souligne que l'agence publique « a renoncé à tout objectif global de collecte des offres d'emploi : de ce fait le nombre d'offres d'emploi collectées par l'opérateur est en baisse depuis plusieurs années. [...] Le risque est réel de voir Pôle emploi évoluer vers un appui à une petite partie des demandeurs d'emploi, au détriment de sa fonction d'intermédiaire sur le marché du travail ». Ajoutons que les comptes de Pôle emploi ne sont pas publics.

Peur de la privatisation

Si l'agence ne veut plus s'occuper directement de réduire le chômage, il serait logique d'externaliser cette mission et de recentrer ses moyens, non ?

Mais l'externalisation du placement des demandeurs d'emploi fait peur et tout est fait pour éviter de donner les chiffres qui permettraient de faire des comparaisons toutes charges comprises des coûts des uns et des autres. La position de la direction est de dire que « toutes les évaluations scientifiques [...] ont démontré que l'accompagnement par Pôle emploi assure, pour un coût moindre, un meilleur retour à l'emploi des demandeurs d'emploi que celui confié aux opérateurs privés ». Mais n'allons pas nous fourvoyer, « Pôle emploi ne regarde pas les acteurs privés de l'écosystème de l'emploi comme des concurrents ». L'agence penserait même à donner « un soutien en capital à des projets entrepreneuriaux innovants dans le domaine de l'emploi », rien que ça. Financer ses concurrents, une bonne manière de les contrôler.

Il faut dire que ça chauffe pour Pôle emploi, pas besoin d'être grand clerc pour deviner qu'à l'heure du Web, beaucoup de sites paraissent plus efficaces, aussi bien pour le demandeur que pour l'offreur. Le site le boncoin.fr est l'un des supports les plus utilisés pour les offres d'emploi :

187 000 offres sont publiées sur le site contre environ 225 000 sur le site de Pôle emploi. L'offre proposée est conséquente, simple d'accès et rapide (toute personne qui aura utilisé le site sait qu'il faut moins de 5 minutes pour poster une annonce). Et, dans de nombreux secteurs, plusieurs sites d'annonces sont devenus la référence : profilculture.com, par exemple, concentre une très large partie des offres d'emploi du secteur culturel. L'autre tendance est la recherche d'un travail via les réseaux sociaux. Si des sites comme Viadeo (7 millions de CV sur le site) ou LinkedIn sont spécialisés, Twitter est aussi une source non négligeable. Alors forcément, face à cela, « à Bercy, la privatisation complète est sur la table », s'alarme Jean-Charles Steyger, délégué syndical central SNU-FSU. Dommage, le gouvernement a écarté l'idée du rapport CAP 22 d'ouvrir à la concurrence le marché de l'accompagnement des chômeurs. Le rapport propose aussi la suppression de 1 000 postes... On verra bien.

Force est de constater qu'un pays peut très bien fonctionner sans service public de l'emploi. C'est le cas de l'Australie. Le service public de l'emploi y a été supprimé en 1998. Il y a bien une agence publique, Centrelink, qui assure la gestion et le paiement des allocations et qui met en relation le demandeur d'emploi avec les prestataires privés de sa région. Ces opérateurs privés, Job Network Members, mettent en œuvre la totalité des services. Ils sont 141 opérateurs, et gèrent environ 1 700 sites (2012), dont seulement 21 % sont à but lucratif. Ils sont sélectionnés initialement par un large appel d'offres lancé par le ministère de l'Emploi, sont évalués tous les 3 mois en fonction de leurs performances dans le retour à l'emploi des chômeurs et peuvent voir leur position évoluer à la hausse ou à la baisse en fonction de leurs résultats. Leurs notes sont rendues publiques, et correspondent à une échelle de 1 à 5 étoiles, ce qui les oblige à parfaire leurs méthodes. Enfin, les sommes croissent avec la durée : ainsi les sommes perçues par les opérateurs privés de placement après 13 semaines pour le reclassement de chômeurs de plus de 36 mois sont 8 fois plus élevées que celles perçues par les individus au chômage depuis moins d'un an. Cela a l'avantage de ne pas rémunérer les prestataires en fonction du nombre de demandeurs d'emploi par agent, mais de les rémunérer au résultat. Au début des années 2000, lorsque le système avait atteint son rythme de croisière, le coût de placement était de 2 330 euros.

Mais la privatisation du placement et du suivi des chômeurs n'est qu'une étape de la transformation de Pôle emploi. Ensuite, il faudrait sortir la gestion et la part indemnisation de la mainmise du paritarisme pour donner cette compétence à l'échelon régional. Explications.

Peur de la régionalisation

Amusant : quand Manuel Valls était Premier ministre, il était contre la régionalisation de Pôle emploi par crainte des grèves des agents. Pendant la primaire de la gauche, il était pour. Et maintenant qu'il est redevenu simple député, il ose le dire haut et fort : il est favorable à sa décentralisation, pour un service « plus adapté aux territoires ».

Il faut dire que c'est la solution qui revient régulièrement dans le débat depuis plusieurs années. En 2015, le Sénat avait tenté de la faire passer lors des négociations pour la réforme territoriale. Les présidents des régions y sont favorables. Évidemment, du côté de l'agence et des syndicats (qui cogèrent Pôle emploi et ses financements aujourd'hui), ça coince. En 2015, Jean Bassères, le directeur général, et François Nogué, président du conseil d'administration, réfutaient l'idée d'une décentralisation de Pôle emploi : « Un opérateur national permet de mutualiser les ressources et de corriger les inégalités qui ne cessent de se renforcer entre régions [...] pour des raisons d'efficacité et d'équité territoriale, la quasi-totalité de nos partenaires européens, y compris l'Allemagne, s'appuient sur un opérateur national. » Mauvais exemple, puisque la répartition des conseillers est loin d'être homogène sur le territoire (de 230 demandeurs d'emploi par conseiller à La Réunion à 9 demandeurs par conseiller en Isère) et que la situation en Allemagne est bien plus nuancée.

L'Agence fédérale pour l'emploi agit bien au niveau national, elle est chargée de verser les prestations chômage, d'aider à la recherche d'emploi et gère (en plus) toutes les prestations familiales. Mais au niveau régional sont nommés des directeurs qui « sont responsables de la réussite de la politique régionale. [Ils] travaillent en étroite collaboration avec les gouvernements des *Länder* ». Un niveau de concertation et de responsabilisation beaucoup plus fort qu'en France. Rien n'oblige les directeurs régionaux à travailler avec les régions, et si la loi NOTRE[1] a ouvert la porte à une « association renforcée », elle reste du domaine de l'expérimentation et est sujette à la volonté des deux parties.

Résultat ? Cela ne marche pas. À titre d'exemple, l'accès au fichier des demandeurs d'emploi a été refusé à l'exécutif de la région Île-de-France en 2015. Une nouvelle convention entre la région et Pôle emploi a bien été négociée, mais elle ne concerne que le volet formation. Même problématique pour la région Hauts-de-France (ex-Nord-Pas-de-Calais) qui, faute de pouvoir travailler avec Pôle emploi, a lancé

1. La loi portant sur la nouvelle organisation territoriale de la République du 7 août 2015.

sa propre agence d'accompagnement des demandeurs d'emploi, Proch'Emploi. Sous pression, une nouvelle convention a bien été signée qui se focalise encore sur les besoins de formation (!) et qui promet une meilleure collaboration entre Proch'Emploi et Pôle emploi. Assez décevant, pour ne pas dire médiocre.

Où sont les sanctions promises ?

Pendant sa campagne, Emmanuel Macron s'est engagé : « Une offre d'emploi reçue après formation ne pourra être refusée », mais il serait impossible de respecter cet engagement, dit-on à Pôle emploi. Pourquoi ? Parce qu'on ne sait jamais quand un chômeur a reçu une offre d'emploi ! Une argumentation qui ne tient pas la route puisque, depuis 2014, les URSSAF informent Pôle emploi en temps réel des embauches de chômeurs. Les URSSAF détiennent ces données clés puisque les entreprises doivent leur envoyer toutes leurs déclarations nominatives d'embauche.

Ubuesque. Pourtant, en Finlande par exemple, le système fonctionne très bien. Les allocations chômage peuvent y être suspendues pour un temps limité si le chômeur ne participe pas à son entretien du plan d'emploi pour une raison plausible (15 à 30 jours), s'il refuse une offre d'emploi ou la participation dans un service dédié à la recherche d'emploi (30 à 90 jours) ou s'il ne réalise pas son plan d'emploi (60 jours de suspension entière). En plus de ces règles strictes qu'il arrive, lui, à appliquer, le gouvernement finlandais a posé un projet de loi d'emploi pour 2019 pour demander au chômeur de chercher au moins 12 postes en 3 mois et de rendre des comptes de son activité chaque semaine en ligne. En cas de refus, il perdra son allocation chômage pour 60 jours.

Autre pays, même logique (pour toucher ses droits, le demandeur d'emploi doit démontrer sa motivation). En Allemagne, le demandeur doit rester joignable et pouvoir se rendre à son agence chaque jour ouvrable. Des périodes d'interruption des droits sont prévues pour sanctionner les demandeurs qui ne respecteraient pas leurs obligations. Au premier manquement, l'interruption est fixée à 3 semaines. En cas de récidive, à 6 semaines, puis 12 semaines, puis 21 semaines entraînant l'extinction définitive des droits. Ensuite, l'allocation qui prend la suite de l'indemnisation chômage est orientée vers l'insertion obligatoire par le travail. Tout bénéficiaire est suivi et contraint d'accepter le travail que lui propose l'agence qui le suit, sous peine de perdre 30 % de son aide au premier refus, 60 % au deuxième et la totalité au troisième. Les motifs admissibles de refus sont extrêmement restreints, et le fait que l'emploi proposé procure une rémunération inférieure à l'aide reçue n'est plus un motif valable de refus. On parle bien ici de sanctions et d'interruption des droits, et non pas de suspension. Il y a une grande différence.

En France, déjà, accepter une offre « raisonnable » d'emploi, cela signifie que le bénéficiaire définit lui-même son besoin dans le plan qu'il établit avec son conseiller. Ensuite, il n'est tenu d'accepter un emploi que si celui-ci « correspond à sa profession ou à sa qualification acquise, ainsi qu'au niveau exact où il était dans son dernier poste », que s'il est payé à 100 % de son dernier salaire, et enfin, qu'il ne soit tenu à aucune obligation de distance ou de temps de trajet. Après 3 mois, 6 mois puis un an, la définition des postes devient plus large, mais la correspondance avec la profession ou la qualification subsiste, le salaire passe respectivement à 95 %, puis 85 %, enfin, après un an, à un montant au moins égal à celui de l'allocation de chômage, et le trajet ne doit pas dépasser 1 heure ou 30 kilomètres.

Résumons la situation : le demandeur d'emploi sait donc pertinemment que, s'il est radié, même pendant 2 mois, il récupérera ensuite ses droits. Il lui suffit donc d'attendre et/ou de trouver un emploi non déclaré jusqu'à la fin de sa période de radiation. De leur côté, les agents de Pôle emploi savent pertinemment qu'il ne sert à rien de radier un demandeur d'emploi pour refus d'offre d'emploi puisqu'ils devront le réinscrire. D'une mesure présentée comme une radiation, on arrive en réalité à une mesure de suspension des droits qui est très peu incitative à la reprise d'emploi. D'ailleurs, si le demandeur d'emploi refuse de nouveau deux offres raisonnables d'emploi, il sera de nouveau suspendu et retrouvera ensuite ses droits au chômage. On tourne en rond.

Le gouvernement, constatant l'inefficacité du système, prévoit de réformer l'institution.

Il souhaite abroger les dispositions qui prévoyaient un élargissement systématique du périmètre des offres raisonnables d'emploi en fonction de la durée de la recherche d'emploi écoulée depuis l'inscription. Ça allait dans le bon sens, mais le Conseil d'État a ajouté sa patte pour prévoir que le demandeur d'emploi ne peut être contraint d'accepter un emploi qui ne soit pas « compatible avec ses qualifications et ses compétences professionnelles ». Retour à la case départ.

Donc on ne pourra obliger un chômeur à accepter un niveau de salaire inférieur au salaire normalement pratiqué dans la région et pour la profession concernée, un emploi à temps partiel lorsque le projet personnalisé prévoit que le poste recherché est à temps complet, ou un emploi qui ne soit pas compatible avec ses qualifications et ses compétences professionnelles.

Cette notion existe à peine en Allemagne, en Suède, au Royaume-Uni et au Danemark, le chômeur étant tenu après une période brève d'accepter presque n'importe quel emploi. La situation est intermédiaire en Belgique et aux Pays-Bas. En

Italie, il n'y a aucun contrôle des chômeurs, mais l'allocation est très faible.

La France conjugue l'allocation de fortes indemnités et l'inefficacité des contrôles lorsqu'ils existent. En résumé, la réforme attendue et largement survendue sur le contrôle des chômeurs est vouée, dans le contexte actuel, à l'échec.

5.

L'obsession immobilière

Comment casser assurément la croissance ? En surtaxant le travail, le capital et particulièrement l'immobilier. Si le gouvernement tente d'inverser la tendance sur les deux premiers points, sa volonté de taxer « la rente immobilière » est paradoxale alors même qu'il entend provoquer un choc d'offre avec sa loi logement.

L'immobilier constituant une part importante du patrimoine des Français, la fiscalité sur l'immobilier est fatalement elle aussi importante. Selon les comptes du logement, les prélèvements obligatoires qui pèsent sur le logement[1] représentent en 2016 67,8 milliards d'euros.

Cette forte fiscalisation n'a rien de surprenant lorsque l'on constate que le logement fait l'objet d'une imposition à toutes les étapes économiques, comme le montre le décompte des prélèvements obligatoires établi par Albéric de Montgolfier[2].

---

1. Il s'agit ici des locaux à usage d'habitation.
2. Rapport n° 75 du 8 novembre 2017.

Comment le gouvernement entend-il libérer la construction tout en maintenant une taxation aussi forte sur les propriétaires bailleurs ? Taxation qui se couple à Paris, et bientôt dans de grandes métropoles, à un encadrement des loyers. À Paris, cette situation conduit de plus en plus de bailleurs à vendre leurs biens. Ce qui amène une diminution du parc locatif privé.

Or le marché locatif privé est indispensable à la mobilité résidentielle : il affiche un taux de rotation supérieur au parc de logements des propriétaires. Celui-ci « tourne » moins vite en raison des droits de mutation particulièrement élevés et globalement des coûts de transaction, les 2e dans l'OCDE en pourcentage de la valeur du bien après la Belgique !

Cette situation n'est pas sans conséquence : elle peut décourager des personnes au chômage d'accepter un emploi en région parisienne, ou alors les obliger à se loger plus loin dans la région Île-de-France, avec des problématiques de transports. Elle a aussi un impact à la hausse sur les salaires. Le taux de rotation dans le parc privé est également supérieur par rapport au parc social, particulièrement en région parisienne. Il accueille autant de ménages modestes que le parc social et plus de jeunes actifs.

Ce n'est pas le seul signe du manque de cohérence de notre fiscalité immobilière. La volonté de soutenir le secteur de la construction, secteur fortement pourvoyeur en emplois non délocalisables, avec des effets immédiats sur le chômage et les recettes sociales et fiscales, a conduit depuis des années les ministres du Logement successifs à accorder aux particuliers des crédits d'impôts sur le revenu. Des dispositifs dont les études économiques s'accordent à dire qu'ils ont un probable effet inflationniste.

Le cadre fiscal pour l'immobilier que propose Emmanuel Macron en voulant taxer la rente immobilière va-t-il changer les choses ? Rien n'est moins sûr.

L'atonie de la construction privée est bel et bien liée à notre surtaxation française du foncier qui va encore galoper et risque à coup sûr de s'aggraver dans les prochaines années puisque les caisses sont vides et que le foncier n'est pas, par définition, mobile.

Certes, Emmanuel Macron s'est engagé à supprimer la taxe d'habitation mais qui sait comment cette réforme sera bouclée au final ? Tout au plus sait-on pour l'instant que dans le jeu de bonneteau prévu par le gouvernement, les communes récupèreront la taxe foncière départementale, les intercos un peu de CVAE des entreprises, qu'il n'est pas question de toucher à la taxe sur les résidences secondaires et le reste sera financé par le déficit… Donc à terme encore un peu plus d'impôts.

Et entre 1995 et 2015, ce secteur a vu la pression fiscale lui incombant augmenter de 39 % ! Soulignons aussi que, en parts de PIB, l'immobilier français supporte 3,3 points d'impôts et taxes, quand l'immobilier allemand est à 0,8 point. Par ailleurs, ce patrimoine foncier est forcément inégalement réparti, les 10 % des foyers fiscaux les plus riches étant propriétaires de leur résidence principale à 82 % quand les autres ne le sont qu'à 56 %.

Acheter un logement rapporte-t-il vraiment ?

D'où l'émergence du concept un peu fumeux de pénalisation de la « rente immobilière » et de capital « improductif ». Encore qu'en matière fiscale, il ne le soit pas pour tout le monde. L'inventivité est plutôt au top. Sur un plan virtuel, c'est l'antienne de la fiscalisation des loyers implicites qui revient régulièrement. Il s'agirait d'égaliser le niveau de vie des propriétaires et des locataires, sans voir que les premiers achetant à crédit se privent aujourd'hui d'un revenu qu'ils reportent sur le futur, pour se constituer un capital, au contraire des seconds.

Sur le plan de l'imposition directe et indirecte, l'impression qui prévaut est surtout que les propriétaires se font tout simplement plumer à cause d'une taxation en cascade.

Prenons un exemple concret. Un couple a acheté un logement à usage locatif d'une valeur de 160 000 euros au prix du marché. En réalité, le bien lui revient à 203 200 euros en incluant le coût fiscal supporté par l'épargne nécessaire pour acquérir le bien (taux forfaitaire d'IR de 19 %). Il en résulte que, loué au taux de 5 % de sa valeur vénale, soit 8 000 euros par an, le rapport brut ne sera en fait que de 3,94 % du prix de revient d'achat.

Quant au rapport locatif net, il chute à 1,73 % si vous payez comptant (en tenant compte des travaux à faire régulièrement par le propriétaire, des vacances locatives, des assurances diverses et des diagnostics, de la taxe foncière et de l'IFI) et à 0,15 % si vous achetez à crédit. Il faut tenir compte également des éventuels frais d'assurance loyers impayés ou d'agence immobilière gestionnaire.

En résumé, nos propriétaires bailleurs (fournisseurs d'un logement) investissent pour gagner un taux inférieur à celui des banques, tout en risquant une dégradation des lieux, des impayés et donc des frais d'avocat et une moins-value sur la valeur de leur bien compte tenu de la conjoncture économique. Pour gagner 1,73 %, il devra gérer au prix d'un travail non rémunéré, surveiller son bien, relouer, s'informer régulièrement des nouveaux textes, et faire de la paperasserie. Bref, tout sauf être un paisible rentier !

De son côté, l'État encaissera tranquillement 21 % du montant de l'investissement du propriétaire, plus 28 % de ses loyers, et il faudra encore y ajouter son IR sur les revenus locatifs (en sus de l'IR du locataire) au barème ainsi que les droits de succession/donation.

Il y a déjà ici de quoi se fâcher.

D'ici à la retraite, tout ira bien pour notre couple s'il ne divorce pas, s'il conserve des revenus suffisants pour aller au bout de son crédit, et ce pendant 20 ans. Si tout se passe bien, il aura enfin gagné un supplément de retraite de 4 150 euros par an soit 346 euros par mois. À moins qu'il ne soit contraint de revendre : dans ce cas, il paiera la plus-value et l'IR et, s'il était en SCI, ce sera l'IS en prime.

Concernant sa succession ou donation : le taux des droits va de 20 % en ligne directe à 60 % (cas d'une famille recomposée). Dans ce dernier cas, il faudra 29 années pour amortir les 60 % (60 % de 160 000 euros soit 96 000 euros / 4 150 euros – 19 % d'IR = 29). Pire qu'un crédit juste pour racheter à l'État votre propre bien[1] !

Compte tenu des moins-values à escompter de la valeur vénale (sauf dans certaines zones) qui est corrélée à la valeur locative, de l'encadrement des loyers, de la plus grande difficulté à louer face au prêt à taux zéro qui détourne les locataires vers l'achat de leur logement, du risque d'avoir à payer une taxe sur les logements vacants, et

1. Tous ces chiffres sont le fruit d'une expérience de bailleur d'un immeuble de 10 appartements entièrement rénovés.

enfin du risque de voir la taxe foncière multipliée par 2 afin de compenser la suppression de la taxe d'habitation, n'y aurait-il pas de placements plus liquides en cas de « coups durs » et plus rentables (taux d'intérêt à la hausse et désormais exonérés d'IFI) ? Bien sûr que si !

Que vont devenir les logements locatifs alors même que la France en manque et que 50 % de la population en a besoin ? Déjà de trop nombreux investisseurs ont revendu leurs logements à la découpe.

Parfois l'argument touche à l'absurde lorsque l'on veut s'attaquer à la question des zones tendues par le seul outil fiscal. Certains professionnels comme les particuliers en ont fait l'amère expérience. Depuis 2014 existe une majoration forfaitaire de 5 euros par mètre carré de la taxe foncière sur les propriétés non bâties s'ajoutant à une majoration de 25 % décidée dans le cadre du dispositif de « libération du foncier ». Le résultat ne s'est pas fait attendre, et touche indifféremment les uns et les autres, puisque la taxe foncière sur les propriétés non bâties est une taxe « ménages[1] » sur le plan juridique mais non économique. S'agissant des particuliers, certaines cotisations sont passées de 300 euros à 2 500 euros à Hyères en 2015, de 33 à 6 393 euros à Saint-Leu-la-Forêt (Val-d'Oise) en 2015. Côté

1. Les taxes dites « ménages » sont : la taxe d'habitation, la taxe foncière sur le bâti et la taxe foncière sur le non-bâti.

entreprises, à Bruyères-le-Châtel dans l'Essonne, certains terrains appartenant à des professionnels ont vu leur cotisation passer de 451 euros à 71 051 euros et de 658 euros à 326 969 euros. Des ratés liés notamment à une présomption de conformité des « zonages » aux plans locaux d'urbanisme, même quand ce n'est pas le cas de façon flagrante. Une mesure suspendue par Michel Sapin en 2016, mais à titre provisoire. En 2018, la situation pourrait bien redevenir explosive, l'ensemble des dispositions « suspendues » redevenant de plein exercice. Les propriétaires sont des rentiers. Taxons-les !

Et pourtant, cette « rente » est déjà hypertaxée, parfois même jusqu'à 100 % ! L'État est responsable de cette dégradation générale. Le bilan fiscal de l'investissement locatif peut déboucher sur une taxation effective de 140 % à plus de 200 % des revenus nets (en fonction des droits appliqués en cas de succession), soit bien au-delà des facultés contributives, et il ne restera au propriétaire bailleur que le titre. Juste un bout de papier qui restera, lui, inviolable et sacré.

Le foncier allemand paie 50 milliards de taxes de moins

Dans une étude sur la fiscalité immobilière en Europe pour le compte de la Fédération des promoteurs immobiliers, le cabinet Fidal rend compte du « niveau d'imposition le plus élevé [de la France en Europe] s'agissant des taxes indirectes (TVA et différentes taxes liées au dépôt du permis de construire) du fait de la conjugaison d'une TVA au taux de 20 % appliquée au prix de vente de l'immeuble et des diverses autres taxes indirectes représentant quant à elles de 3 % à 4 % du prix de vente ».

Ainsi, l'écart de fiscalité avec le Royaume-Uni se situe-t-il sur ce champ entre 12 % et 13 % du prix de vente d'un appartement neuf (soit un écart de 24 000 à 26 000 euros pour l'acquisition d'un appartement de 200 000 euros hors taxe par un particulier), et de 3 % à 7 % avec les autres pays européens (entre 6 000 et 14 000 euros). Il en va de même pour la détention d'un immeuble par une personne physique, en raison de la fiscalité la plus élevée d'Europe en matière d'impôts locaux (taxe foncière et taxe d'habitation). Finalement, la fiscalité de l'immobilier est en France 2 fois plus élevée que la moyenne des pays européens avec des taxes et impositions grevant l'acquisition d'un appartement pour un prix de 200 000 euros TTC et sa détention sur une durée de 10 ans (à fiscalité constante) de 56 % du prix d'acquisition, contre une moyenne de 28 % en Europe.

L'étude néanmoins ne tient pas compte de nombreux dispositifs exonératoires, tels que les crédits d'impôt sur le revenu accordés aux particuliers réalisant une acquisition entrant dans le cadre d'un dispositif d'incitation fiscale à l'investissement locatif (Scellier, Besson ou Pinel). En allégeant la fiscalité selon des modalités particulières, ces dispositifs sont censés soutenir la construction de logements mis en location. Cependant, il s'avère qu'ils introduisent des biais économiques, dont un « probable effet inflationniste sur les prix de vente pratiqués », d'après le rapport de la commission des finances du Sénat « La "rente immobilière" : mythes et réalités » datant de novembre 2017. Ce dernier dénonce également le coût bien supérieur de l'immobilier en France. Les prélèvements obligatoires relatifs au logement représentaient 67,9 milliards d'euros en 2016, 28 % de plus qu'il y a 10 ans. Le niveau des prélèvements sur le patrimoine immobilier se situe à 3,3 % du PIB et est en augmentation de 39 % au regard du PIB, ce qui classe la France au deuxième rang des pays de l'OCDE derrière le Royaume-Uni (3,8 %) mais bien avant les États-Unis (2,6 %) et l'Allemagne (0,8 %). On constate donc que le logement fait l'objet d'une forte imposition et ce à tous les étages.

Et maintenant, le labyrinthe fiscal de l'IFI

On a connu l'IGF, l'ISF, et maintenant l'IFI (impôt sur la fortune immobilière). Tout cela parce qu'un jour de 1982, François Mitterrand a décidé de taxer les « riches » pour, ensuite, financer le RMI. Un sparadrap que, depuis lors, aucun président n'a pu décoller sauf très épisodiquement. On note aujourd'hui que le président Macron a fait preuve de courage en menant la réforme de l'ISF. Mais, pour faire passer la pilule de la suppression de l'ISF sur les biens mobiliers, le gouvernement accentue le discours sur la taxation d'une – pseudo – rente immobilière, en fixant à la loi un nouvel objectif, celui d'orienter l'épargne vers les investissements dits productifs, comme les placements mobiliers, par opposition aux investissements immobiliers.

La nouvelle loi est, quant à la détermination de l'assiette de la taxe, un inextricable monument digne des plus grandes œuvres de la technostructure de Bercy, et assurée de causer d'infinis maux de crâne aux contribuables et aux comptables appelés au secours.

Le principal problème de cette loi est l'intention de taxer la « détention indirecte » (par l'intermédiaire de sociétés) des actifs immobiliers. Les services fiscaux entendent alors retenir comme assiette imposable la valeur des actions possédées « à hauteur de la fraction de leur valeur représentative de biens ou droits immobiliers détenus directement ou indirectement par la société ou l'organisme ». C'est une nouveauté, puisque sous l'empire de l'ISF, les actions elles-mêmes étaient imposées. Ici, le redevable se trouve imposé à une hauteur qu'il est incapable de déterminer au moment où il réalise son investissement, puisqu'il s'agit de la fraction représentative des actifs en question, qu'il ne connaît pas.

Quel intérêt ? La certitude de générer de gigantesques contentieux ?

Le législateur a bien conscience de cette difficulté, alors il a introduit une disposition prévoyant qu'« aucun rehaussement n'est effectué si le redevable, de bonne foi, démontre qu'il n'était pas en mesure de disposer des informations nécessaires à l'estimation de la valeur des parts ou actions représentatives des biens ou droits immobiliers qu'il détient indirectement ». Autrement dit, ce n'est pas grave si vous ne pouvez pas nous dire combien vous nous devez ! A-t-on jamais vu pareille chose dans un texte fiscal ?! Il convient aussi de reconnaître sans ambages que le coût de collecte de l'IFI sera un *must* si la note reste, comme il est à craindre, de 112 millions d'euros, soit 13 % de la (future) recette ; un record.

6.

Régalien : entre enlisement et aveuglement

Le préfet a été limogé parce que ses services n'avaient pas placé en centre de rétention un Tunisien sans papiers en situation illégale en France, arrêté pour vol à l'étalage. Faute de place en centre de rétention administratif, il avait été relâché alors que le sous-préfet, de permanence ce week-end-là, aurait dû signer une obligation de quitter le territoire. Moins de 48 heures plus tard, cet homme tuait deux jeunes femmes à la gare Saint-Charles à Marseille. Quand on considère les faits, on peut se poser la question : le gouvernement est-il piégé par son administration ou les instructions qu'a reçues l'administration sont-elles floues ou laxistes ?

Henri-Michel Comet, le préfet limogé, l'a dit lors de son discours d'adieu : « Les injonctions ne sont pas toujours cohérentes. » Pour traduire, l'administration ne sait pas quoi faire et ne se donne pas les moyens d'agir. Il suffit de voir les renvois de balle entre la mairie de Paris et le ministère de l'Intérieur quant à la responsabilité des camps de migrants dans Paris pour comprendre la fragilité de notre démocratie face à ces questions-là. Les centres de rétention sont saturés. On leur préfère d'ailleurs souvent des centres d'hébergement et on perd ensuite facilement la trace des personnes qui y sont hébergées et qui sont déboutées du droit d'asile.

Asile : l'État procrastineur… en amont

Accueillir ceux qui fuient la guerre et la terreur tout en déboutant vraiment ceux qui viennent pour des questions économiques ou avec des intentions belliqueuses, l'équation n'est pas simple, et la France se trouve, dans ses territoires, de plus en plus confrontée à des situations insolubles. En 2017, l'Office français de protection des réfugiés et apatrides enregistrait en effet une hausse historique des dossiers déposés : 100 412, 17 % de plus qu'en 2016, un record pour la France[1].

Les flux migratoires vers la France s'accélèrent et ce, d'autant plus que les pays qui nous entourent bloquent de plus en plus l'afflux vers leurs propres pays : Allemagne, Autriche, Hongrie, Royaume-Uni et maintenant l'Italie. Entre 2016 et 2017 les flux vers l'Allemagne et le Royaume-Uni baissent. La plupart des gouvernements européens annoncent n'accepter sur leur territoire de manière légale que les étrangers pouvant bénéficier du droit d'asile.

1. Voir annexe 4.

L'Italie, avec l'élection des populistes début 2018, durcit aussi le ton. L'Europe traverse une vraie crise. Dans son discours, la France ne fait pas exception et s'est engagée à ce que seuls les demandeurs reconnus comme relevant du droit d'asile puissent rester sur le sol français. Problème, les mesures de reconduite à la frontière sont bien loin d'être exécutées.

En 2016, seuls 16 989 des étrangers en situation irrégulière étaient effectivement reconduits (dont 12 961 retours forcés) alors même que 92 076 obligations de quitter le territoire ont été prononcées. Pour ces dernières, le taux d'exécution est de 16 % pour une procédure de droit commun qui, sur décision préfectorale, oblige dans un délai de 30 jours (et plus rarement, sans délai) à quitter la France. Environ 75 000 personnes se maintiennent donc chaque année sur le sol national en dépit de la mesure d'éloignement prononcée à leur encontre. En 2017, le ministre souligne que plus de procédures d'éloignement ont été réellement exécutées : 26 000, mais cela reste faible en comparaison du stock des déboutés.

Et pour cause : nos moyens (matériels et légaux) sont sous-dimensionnés. En Allemagne, la durée de rétention administrative des demandeurs d'asile va jusqu'à 18 mois, elle est illimitée au Royaume-Uni ou aux Pays-Bas, contre 3 mois en France, un délai rallongé (!) par le gouvernement en 2018. D'ailleurs, dans les faits, depuis 2016, la justice annule un placement en rétention sur cinq car la police n'a plus que 48 heures pour étayer ses dossiers de reconduite, au lieu de 5 jours avant. Une erreur facile à corriger et pourtant, le gouvernement n'a pas prévu de revenir dessus, pas plus que sur la circulaire Valls de 2012 qui a augmenté les régularisations d'étrangers en situation irrégulière. La France distribuait 194 000 titres de séjour en 2009, elle en a distribué plus de 260 000 dans l'année 2017 et ce, au détriment des contrôles. Notre politique souffre de nombreux freins administratifs. Ainsi, les obligations de quitter le territoire français peuvent faire l'objet d'un recours devant le tribunal administratif. Mais le délai de jugement, plafonné à 3 mois, est bien souvent dépassé. Et dans 80 à 90 % des cas, l'obligation de quitter le territoire est maintenue (selon l'Observatoire international des prisons), ce qui pose la question de la mise à exécution.

Sur cet (épineux) sujet, entre les discours et les actions, le décalage est grand. Fin 2017, le gouvernement se targuait d'insister sur la lutte contre l'immigration irrégulière, mais on constate qu'elle demeure le parent pauvre du ministère de l'Intérieur avec une baisse programmée des crédits accordés en 2018. La lutte contre l'immigration irrégulière représente seulement 6 % des moyens alloués à la mission « Immigration, asile et intégration » de l'État ; comparés à 2017, ils ont baissé de plus de 10 %. Selon les estimations du Sénat, ces montants représentent 14 500 éloignements par la force : c'est moins que le précédent gouvernement en 2014 et 2015. Il y a un problème criant d'arbitrage. Plutôt que de se poser les questions sur l'aval, il faut s'interroger sur l'amont (les accords passés par l'Italie avec le Niger et la Libye auraient permis une réduction de 80 % des départs pour l'Europe ces deux dernières années). Il faut oser s'interroger sur la mise en place de centres de protection internationale fermés, les « hotspots », hors de nos frontières, dans les pays de transit où les demandes d'asile seraient instruites. Mais comment avancer sur ces questions quand, dans une perpétuelle contradiction, l'État français finance largement les associations d'aide aux migrants qui militent ouvertement « contre les hotspots » et « contre la surveillance des frontières » comme la Cimade, financée pour plus de 4 millions d'euros par an par l'État et les collectivités locales ?

En aval : les départements au bord du gouffre

Sur la question de l'accueil et de l'intégration, l'État est la tête pensante et les collectivités, les gérants. Problème, les départements se trouvent aujourd'hui face à de nombreux casse-tête. Comment gérer les dépenses liées à l'accueil ? Un rapport du Sénat alerte en juin 2018 sur la situation en Seine-Saint-Denis où l'État ignore le nombre d'habitants car « les personnes en situation irrégulière seraient entre 150000, 250000 voire 400000 ». La situation des mineurs étrangers isolés est, elle, mieux évaluée mais tout aussi inquiétante. Le coût a bondi de 294 % en 5 ans. Le département du Val-d'Oise explique déjà qu'en 4 ans, ces dépenses sont passées de 4 à 17 millions d'euros.

Alors qu'ils attendaient des solutions pour désengorger les centres, les départements ont découvert que le gouvernement veut élargir le regroupement familial aux mineurs isolés. L'idée était de faire venir en procédure de regroupement familial non plus seulement les parents des mineurs isolés mais aussi les frères et sœurs. Le Sénat a supprimé cette disposition.

La France comptait sur son sol 2 500 mineurs isolés en 2005, contre 18 000 aujourd'hui. La charge publique afférente va dépasser 2 milliards d'euros par an avec une dépense annuelle par enfant de 50 000 à 60 000 euros !

Dans un rapport sénatorial, René-Paul Savary, président du conseil départemental de la Marne, explique que « dans [son] département, 80 % des personnes se présentant comme mineurs non accompagnés se révèlent, au terme d'une procédure d'évaluation de 2 mois ou 2 mois et demi du fait de la saturation de la police aux frontières, être en fait majeurs ».

Ces mineurs sont des garçons à 94,9 % contre 5,1 % de filles. Le rapport sénatorial explique que « cette prépondérance des adolescents peut aussi s'expliquer par le fait que nombre d'entre eux sont missionnés par leur famille qui les juge plus aptes à un voyage difficile ». La majorité d'entre eux, 83 %, ont entre 15 et 17 ans. 70 % viennent d'Afrique subsaharienne et notamment d'Afrique de l'Ouest. Mais les origines se diversifient : Bangladesh, Afghanistan ou Inde, etc.

En 2013, le sénateur du Loiret, Éric Doligé, mettait le doigt sur le fond du problème : « Peut-on expliquer comment des enfants de moins de 13 ans, des bébés parfois, peuvent arriver d'Afrique centrale à Orléans en franchissant des frontières avec de faux papiers ? Il existe des filières organisées dont on ne cherche pas le démantèlement. » En effet, les mineurs dépendent obligatoirement de passeurs – contrairement aux migrants majeurs. Ces passeurs connaissent parfaitement les rouages du système français et guident les migrants pour qu'ils soient pris directement en charge par les services de l'ASE (Aide sociale à l'enfance). Des passeurs qui peuvent leur fournir des faux papiers pour attester de leur minorité. Les départements d'arrivée peuvent également être choisis par les passeurs selon leur capacité d'accueil. Allant encore plus loin dans la problématique, Jean-Louis Tourenne, président du conseil départemental d'Ille-et-Vilaine, déplorait dans un rapport sénatorial de juin 2017 que « certains jeunes [puissent arriver] légalement, munis de papiers et de visas en bonne et due forme. La plupart du temps, ces papiers, parfaitement imités ou en règle, sont distribués par les personnels locaux des consulats ». On le voit, faute de partenariats constructifs en amont avec les pays de transit sur la base de coopérations renforcées (multilatérales, européennes ou non) ou bilatérales, l'État et les départements semblent aujourd'hui dans l'impasse.

Sécurité : quand l'administration crée 1, 2… 3 fichiers de personnes recherchées ou surveillées

C'est peut-être la première mission régalienne d'un État : assurer la sécurité sur le territoire. Avec les attentats dont la France a été victime ces dernières années, la capacité de l'État à assurer cette sécurité est de plus en plus scrutée. Un maire d'Île-de-France confie, désemparé, qu'il aimerait avoir accès aux informations des personnes surveillées sur sa commune. Chaque semaine, il installe dans des logements HLM des familles dont il sait bien que certains membres peuvent être fichés S, mais il n'a pas accès à cette information. Il le dit très simplement : « Si un de mes nouveaux installés dans la ville dans un logement social, pour lequel il a été considéré comme prioritaire, commet un attentat dans ma ville, comment pourrais-je ne pas me sentir responsable ? » Quant à ce dirigeant d'un des plus grands sites Seveso de France dont l'explosion pourrait détruire un département entier, il ne comprend pas pourquoi, lui non plus, ne peut pas avoir accès à cette information sensible pour ses propres salariés.

Faisons un triste récapitulatif : en mai 2018, un homme né en Tchétchénie et naturalisé français a tué au couteau un passant de 29 ans en plein cœur de Paris. Il faisait l'objet d'une fiche des renseignements S (pour « sûreté de l'État »). Avant cet énième épisode de terreur au cœur de la capitale, 31 terroristes avaient déjà frappé la France depuis 2012 : 20 étaient fichés S. Si l'on prend en compte les membres du commando du Bataclan, qui étaient connus, eux, de la police belge pour leur radicalisation, la proportion grimpe à 87 % de terroristes sous surveillance, de près ou de loin. Les autres avaient tous un passé judiciaire, pour des délits de droit commun. Ainsi, tous ces terroristes ont été en contact, à un moment donné, avec les autorités ; 9 d'entre eux étaient étrangers, 4 avaient une double nationalité.

Rappelons-le, un fiché S ne signifie pas que cette personne est un terroriste ou en passe de l'être, ce fichier est un instrument de renseignement pour les services. Le fichier S appartient au fichier des personnes recherchées (FPR) qui recense tous les individus faisant l'objet d'une mesure de recherche ou de vérification pour des raisons juridiques, administratives ou fiscales. Mais quel est leur réel niveau de dangerosité ? On compte 12 000 fichés S dont 2 100 sont en prison pour des faits de terrorisme ou soupçons de radicalisation ; 390 le sont pour faits de terrorisme en lien avec l'islam radical.

L'efficacité des fiches S est aujourd'hui controversée. Le fichier S n'étant pas réservé uniquement aux terroristes islamistes, qui sont pourtant devenus une priorité, le ministère de l'Intérieur a mis en place en mars 2015 un nouveau fichier ! Ce fichier, moins connu de l'opinion publique, a été établi par décret confidentiel. Le FSPRT (fichier des signalements pour la prévention et la radicalisation à caractère terroriste) détient les noms des personnes identifiées comme les plus à risque, et c'est bien cette liste qui est revue par les préfets de manière régulière avec un compte rendu au ministre. Près de 20 000 personnes sont recensées dans le FSPRT.

Les fichés ne sont pas surveillés en permanence. Les cas jugés « dangereux » sont surveillés par la DGSI (entre 3 000 et 4 000) et les « moins dangereux » par le Service central du renseignement territorial (11 500). Certains sont « clôturés », c'est-à-dire qu'ils sont maintenus dans les fichiers en tant que radicalisés mais sans être surveillés, et d'autres « en veille » : il n'y a pas de suivi actif mais ils restent enregistrés. Parmi ces fichés, 2 046 sont actuellement en Syrie et en Irak. On recense également 2 000 mineurs, le plus jeune ayant 11 ans. Concernant le FSPRT, les avis sont partagés parmi les services de renseignement. La DGSI juge ce fichier pas plus utile que le fichier S, contrairement au Service central du renseignement territorial qui en est très content.

Par définition, ces fichiers sont tenus secrets. Il n'est pas possible de révéler l'identité d'un fiché (S ou FSPRT) car cela entraînerait un risque pour la confidentialité des enquêtes, et surtout un risque d'alerter les suspects ; mais avec l'augmentation de la radicalisation et des attentats, le souhait d'ouvrir ces fichiers se fait plus fort. Du côté de l'État, malgré de très nombreuses déclarations de nos dirigeants, les choses bougent peu. Et on tourne en rond.

D'où la création d'un troisième fichier en juillet 2016 : le fichier judiciaire national automatisé des auteurs d'infractions terroristes (FIJAIT) sous l'autorité du ministère de la Justice. Il s'agit de répertorier les individus ayant commis des infractions de terrorisme et de violation d'interdiction de sortie du territoire. Les condamnations non effectives ou les mises en examen sont également répertoriées, mais ce nouveau fichier comprend des limites puisque peu de mineurs sont inscrits et certaines infractions ne sont pas mentionnées : apologie du terrorisme, consultation de sites terroristes. Le FIJAIT est ouvert aux préfets, aux agents préfectoraux habilités et à certains services de l'Éducation nationale. Les élus locaux, par l'intermédiaire des préfets, peuvent demander à y accéder. Face à cette énième création, un maire confiait son mécontentement : « Pourquoi avoir créé un sous-fichier pour les infractions terroristes potentiellement ouvert aux élus locaux et non pas élargir l'accès du fichier S si ces personnes représentent une atteinte à la sûreté de l'État ? Pourquoi transmettre certains noms et pas d'autres ? Je suis partisan qu'on donne le tout car ce sont les maires[1] qui attribuent les aides sociales, les services périscolaires, le loge-

1. Les maires sont en outre de par la loi officiers de police judiciaire, ce qui devrait faciliter leur habilitation au secret.

ment et parfois des emplois. Aux maires d'évaluer le danger vis-à-vis des gens qu'on connaît parfois. La communication doit être plus décentralisée. » Le Premier ministre a annoncé dans un nouveau plan antiterroriste que certains noms des fichés S pourraient être dévoilés « dans le cadre du dialogue avec le préfet ». Rien de vraiment nouveau.

Il y a donc un réel problème de transmission de l'information au niveau des collectivités territoriales. Il faut trouver le juste milieu et pouvoir informer les maires ponctuellement alors même que la constatation d'une infraction fait défaut.

Selon Gilles Kepel, nous rentrons aujourd'hui dans un jihadisme de troisième génération. Cela signifie que les attentats islamistes ne sont plus commis par des jihadistes professionnels formés aux attentats mais par des individus isolés, radicalisés via Internet et les réseaux sociaux, nouveau jihadisme de proximité. Ces individus échappent donc à la police, qui ne décèle pas de liens entre eux et les organisations islamistes. Le processus de radicalisation peut donc être beaucoup plus court.

Du côté des entreprises, une loi est passée en mars 2016, la loi Leroux-Savary, qui permet de procéder à des enquêtes administratives avant tout recrutement ou affectation d'un individu en cas de doutes sur le comportement de l'intéressé. Si l'enquête conclut à un cas de radicalisation, l'entreprise peut lancer une procédure de licenciement, mais seulement si le salarié exerce une fonction pouvant nuire à la sécurité de l'entreprise. Premiers bénéficiaires de cette loi ? Les entreprises publiques et l'État. Notamment la SNCF et la RATP, cette dernière étant très sujette au communautarisme parmi ses employés (refus de serrer la main à des employées femmes). Ensuite, le ministère de l'Intérieur a aussi transmis les noms des fichés S pour certains métiers jugés à risque. C'est ainsi que la Place Beauvau a fourni au ministère de l'Éducation nationale le nom des enseignants fichés S – une dizaine selon Najat Vallaud-Belkacem, ancienne ministre de l'Éducation nationale – qui ont été exclus automatiquement de l'Éducation nationale. Le domaine de l'éducation est particulièrement surveillé par le gouvernement car c'est un lieu d'influence, même au niveau des enfants. Le FSPRT recense 1 848 jeunes scolarisés jugés radicalisés et potentiellement candidats au Jihad[1].

Avec la multiplication des fichiers secrets, des services de renseignement et des acteurs intervenants ou demandant à intervenir, l'information circule mal, même au niveau de l'État.

Pénitentiaire : le grand écart

En mai 2018, la chancellerie recense 70 633 détenus pour 59 813 places. La surpopulation carcérale

1. Rapport Clavreul, « Laïcité, valeurs de la République et exigences minimales de vie en société, des principes à l'action », février 2018.

atteint désormais 118 %. Et encore, il s'agit d'une statistique nationale. Les matelas au sol s'élèvent à 1 687 contre 1 400 en octobre 2017. Bien entendu, il s'agit d'un pic saisonnier, mais tout de même, cela fait le deuxième mois de suite, le mois d'avril affichant déjà 70 367 détenus. Le déploiement des 15 000 nouvelles places de prison annoncées par le candidat Macron, alors en campagne, ne se fera pas sur 5 ans (comme on aurait pu le croire) mais sur 10 ans. On espère 7 000 nouvelles places de prison d'ici à 2022. C'est insuffisant.

En 2018, seuls 299,7 millions d'euros sont prévus pour la construction de nouvelles prisons ; 82,8 millions d'euros pour les rénovations alors qu'il en faudrait 120 à 130 millions d'euros. Le sous-dimensionnement des budgets « pénitentiaires » est criant alors que le flux des entrants dans le milieu carcéral ne faiblit pas, au contraire. La nouvelle prison d'Aix qui vient d'ouvrir dispose déjà pour la moitié de ses cellules de lits superposés ! Et elle n'est pas la seule. Le nombre de personnes incarcérées en attente de jugement (20 939) représente déjà près de 30 % de la population carcérale. Comment comprendre alors que les moyens alloués aux flux sortants (réinsertion, probation, etc.) restent sous-dimensionnés et en baisse : 24,9 millions d'euros pour les premiers[1] ? Enfin, le plus incompréhensible est la baisse des crédits liés au port

1. Quant aux SPIP (services de probation), les effectifs devraient être purement et simplement doublés afin de

du bracelet électronique. Certes, en cas de radicalisation, ce moyen s'est révélé cruellement inefficace, mais pour les petits délits de droit commun ? Les crédits ont baissé de 27,2 %, passant de 15,4 à 11,2 millions d'euros ! Les placements extérieurs, eux, voient leur financement baisser de 26,3 % par rapport à 2017. Les annonces du gouvernement sur l'augmentation de places en prison, sur des placements en milieu ouvert ou sur le suivi par bracelet électronique ne se retrouvent pas dans les budgets votés. Ce n'était donc que de la communication ?

Seul point positif : le développement rapide du renseignement pénitentiaire. Et il y a urgence à cause du choc des détenus radicalisés en fin d'incarcération. 450 détenus radicalisés vont sortir de prison d'ici 2019. Après 9 mois d'existence, le Bureau central du renseignement pénitentiaire est déjà fort de 335 agents. Il deviendra à compter de janvier 2019 un service à compétence nationale rattaché au directeur de l'administration pénitentiaire. Il sera chargé de la diffusion de notes de fin d'incarcération auprès des services d'insertion et de probation. Un dispositif qui sera coordonné avec une unité spéciale de la DGSI chargée du suivi des « sortants » (près de 450). Un effort sans précédent, mais qui ne règle en rien la question de la surpopulation carcérale et de la promiscuité qu'elle induit. Aujourd'hui en Hollande, ils ferment des

---

pouvoir gérer 40 dossiers par conseiller. Le budget 2018 n'envisage que 150 embauches supplémentaires.

prisons et louent des places de prison à la Norvège et à la Belgique. Pourquoi ne pas faire de même sur la base du volontariat en mutualisant les capacités pénitentiaires européennes ?

Et la défense dans tout cela ?

Difficile de ne pas conclure que sur les questions régaliennes l'État français est velléitaire. L'exemple le plus flagrant ? Le report des 2 % de PIB alloués au budget de la défense à 2025, bien après la fin du quinquennat. L'augmentation des crédits est prévue surtout à partir de 2023. Facile de ne pas tenir les engagements. Les équipements militaires sont en mauvais état et les opérations extérieures (OPEX) restent sous-budgétées. Trouver une solution est urgent, c'est une question de sécurité nationale. En avril 2018, dans le cadre de l'opération dirigée contre la Syrie, la France (mais aussi le Royaume-Uni, les États-Unis et la Russie) avait planifié des frappes depuis des navires basés en Méditerranée. Sur les 16 missiles que la France devait envoyer, 4 n'auraient pas fonctionné. Mais sur ces chiffres secrets, certaines sources parlent de seulement 3 missiles effectivement envoyés sur 8. Le ministère, embarrassé, parle d'un bug technique ou de matériel vétuste. D'autres sources évoquent des présences humaines ayant empêché les tirs. Qu'importe la réponse, si la France avait disposé d'un second porte-avions, le problème ne se serait pas posé.

Cela nous ramène au sujet des dépenses d'équipement. De nouveaux crédits ont été alloués par le gouvernement d'une main mais, de l'autre, il a signé la possibilité pour Bercy de geler ces crédits à tout moment. L'inconnu article 14 de la loi de programmation des finances publiques 2018-2022 permet en effet de geler les investissements de l'État au-delà de 100 milliards d'euros. Cela inclut évidemment les investissements militaires qui comptent 50 milliards d'euros déjà votés et dans les tuyaux budgétaires (dont 36 milliards d'euros pour l'équipement des forces). Et ce n'est pas le service national universel, projet bricolé qui semble encore bien bancal, qui va permettre de réaliser des économies pendant que nos soldats déployés en missions extérieures travaillent avec du matériel vétuste et un seul porte-avions.

Les sujets de sécurité intérieure, extérieure et de politique migratoire ont été trop longtemps abandonnés. Ils sont pourtant vitaux pour notre démocratie. Ils seront évidemment au cœur du débat des élections européennes. L'idée de liberté prend tout son sens quand elle est menacée par l'insécurité. Dans les derniers sondages, entre 45 % et 60 % des Français déclaraient se sentir régulièrement en insécurité[1], c'est beaucoup. C'est trop. Un Français sur trois (32 %) cite le terrorisme et les attentats

1. Sondages Odoxa, 6 avril 2018 et BVA, 16 février 2018.

comme le problème le plus préoccupant pour la société française actuelle. L'attente est désormais gigantesque. Ce sujet du régalien ne peut rester l'angle mort du quinquennat avec des annonces toujours survendues par rapport aux moyens réellement alloués et aux décisions floues ou pas assumées sur le terrain. Le fait que l'État minimise les conflits pour ne pas créer un sentiment de panique ne rassure personne et même plombe notre avenir commun.

DEUXIÈME PARTIE

COMMENT LES GRANDS CORPS FONT SEMBLANT DE SOUTENIR LES RÉFORMES

7.

Un président qui a tout compris (ou presque !)

Le président croit dans les grands corps et dans la haute fonction publique. Il en vient et il en est entouré. L'élite, il la connaît bien, très bien même. Il l'a rappelé dans son discours à la Cour des comptes en janvier 2018 : « Je souhaite qu'une réforme de la fonction publique, et singulièrement de la haute fonction publique, accompagne le mouvement, non pas une réforme conduite sous des tours un peu poujadistes [...] mais de pouvoir également reconstruire des carrières, le sens de celles-ci, qui fasse de notre haute fonction publique le lieu d'excellence qu'elle est aujourd'hui mais qui doit continuer à l'être demain. »

Cet attachement au système – y compris au barème ésotérique de rémunérations tenues largement secrètes (au Royaume-Uni, les plus hautes rémunérations des serviteurs de l'État sont publiées en ligne) – permet-il de tout comprendre avant les autres ? Certainement et, en même temps, le fait d'en être issu, de lui faire aveuglément confiance, peut aussi être une énorme faiblesse.

Réussira-t-il, sous les coups de boutoir hargneux habituels du « président des riches », qui « gouverne à droite » et « n'aime pas les gens », à éviter le piège du tournant social de mi-mandat ?

À l'école de la fiscalité cubaine de Hollande

« Cuba sans le soleil. » Emmanuel Macron savait que la politique proposée par François Hollande allait dans le mur, il l'a donc résumée ainsi. Il était bien placé pour le comprendre puisqu'il était rapporteur adjoint de la commission Attali sous le mandat de Nicolas Sarkozy. Quand on regarde le parcours de premier de la classe d'Emmanuel Macron qui assiste (et travaille) à un an d'idioties économiques pour ensuite rectifier le tir tout en sachant très bien que, même en votant le CICE et le pacte de responsabilité en 2013, les effets seraient trop lents à venir pour que le gouvernement – et son mentor – puisse en bénéficier, on est troublé.

En vérité, Emmanuel Macron ne serait jamais arrivé à l'Élysée sans un parfait repoussoir, Sarkozy puis Hollande à la manœuvre ! Cela commence par l'absurde taxe à 75 % qui devait initialement être une nouvelle tranche d'imposition sur les ménages gagnant plus d'un million d'euros par an. À l'époque conseiller officieux de

Hollande, mais introuvable sur l'organigramme de campagne, il n'aurait absolument pas été associé à l'élaboration de cette proposition : c'est Aquilino Morelle, ancienne plume du candidat puis conseiller à l'Élysée, qui fit cette brillante suggestion.

En 2012, personne n'ignore dans le Paris des affaires et de la politique que c'est un certain Emmanuel Macron qui a chiffré son programme et animé son groupe de réflexion. François Hollande l'appelle le 10 mai pour lui proposer de le rejoindre à l'Élysée. Malgré la présence de l'ancien banquier de chez Rothschild auprès du Président, la présidence Hollande s'embourbe alors à faire voter cette taxe qui est retoquée par le Conseil constitutionnel, se ridiculise et ridiculise la France dans le monde. Il prépare sans le savoir l'avènement du futur président. À l'époque, tous les acteurs économiques sont totalement désemparés mais, en même temps, Paris bruit du nom d'Emmanuel Macron. Pendant cette période, les commentaires de ce petit monde parisien étaient les suivants : « Hollande est nul, mais heureusement, il a un super conseiller à l'Élysée, un ancien de chez Rothschild, qui rassure tout le monde. On devrait pouvoir bosser avec lui. » Passer pour le meilleur au milieu des idéologues ? Osé, mais brillant. Être au cœur du réacteur pour commencer à faire bouger un peu la France de l'intérieur. Faire son lobbying. C'était ça, la stratégie du futur président qui avait tout compris.

Il croyait à 2022. Il a eu 2017. Entre-temps, son Premier ministre, Manuel Valls, et certains de ses amis s'étaient chargés de dissuader Hollande d'y aller. Quant à Fillon, il s'était pris les pieds dans ses contradictions.

Emmanuel Macron profite des réformes de François Hollande

Paradoxe ultime, le président bénéficie aujourd'hui des mesures passées pendant le quinquennat de Hollande. Sur la période 2017-2022, quelque 600 000 créations d'emplois seraient imputables à ses mesures (contre 264 000 emplois depuis l'été 2017), grâce au CICE et au pacte de responsabilité. Des mesures qui ont été en partie pilotées par Emmanuel Macron lorsqu'il était conseiller à l'Élysée !

Pour François Hollande, malgré le changement tardif de politique, c'était déjà trop tard. Tout est joué en 2 ans. Est-ce pour cela que Macron démissionne de son poste de conseiller à l'Élysée ? Juillet 2014, un peu moins de 3 ans avant la fin du quinquennat. Une quarantaine de personnes se pressent dans le jardin d'hiver de l'Élysée. Ministres, directeurs de cabinet, hauts fonctionnaires l'écoutent, émus. « J'ai senti mille fils tendus entre eux et moi qui ne pouvaient pas se rompre », explique le démissionnaire avant de conclure : « Il reste 34 mois, monsieur le président de la République. Je ferai tout autre chose, mais je ne serai pas loin si vous en avez besoin. Et à la fin, il y aura de nouveaux combats. Et je serai là. À coup sûr. » Un mois plus tard, il est… ministre de l'Économie pour 2 ans (et 4 jours).

Toujours là. Mais là pour quoi ? Pour prendre le pouvoir aux mains de vieux partis désabusés ? Pour ringardiser les idées qui lui semblaient (à juste titre) décevantes ? Ou pour mener vraiment les réformes dont la France a besoin et qui tiennent en sept mots : « Baisser les dépenses pour baisser les impôts » ?

Lui ne peut pas nous faire le coup de l'inexpérience. De 2007 à 2017, Emmanuel Macron était aux premières loges pour dresser le bilan de ce qui ne marche pas. D'ailleurs, ce sont toujours les mêmes leviers : emplois aidés, endettement et déficit public, plans de formation des chômeurs, augmentation des dépenses sociales.

Mais attention, la bataille de la compétitivité, contrairement à ce que semblait penser le candidat Macron, est loin, très loin d'être gagnée. D'après les projections de l'iFRAP, les mesures votées par le gouvernement depuis juillet 2017 permettront de dégager seulement un surplus de croissance de 0,45 % sur la période 2017-2022. La dette continuera de progresser d'environ 280 milliards de plus d'ici à la fin du quinquennat, de 2 219 à 2 499 milliards d'euros[1], et ce,

1. Voir annexe 5.

sans compter la reprise de la dette SNCF (35 milliards supplémentaires).

Le SGG veille au service du Président

Autour du Président et du Premier ministre, dans la haute administration, plus que jamais, les technocrates veillent. Surtout le fameux « SGG », secrétariat général du gouvernement. Un groupe de travail sur la charge administrative pesant sur les entreprises n'a-t-il pas l'outrecuidance de demander un organisme indépendant (comprendre non rattaché au public) pour évaluer cette charge ? Voilà le SGG, rattaché officiellement à Matignon (mais largement copilote de l'Élysée), qui dégaine aussitôt une circulaire bien sentie pour que ce soit, non pas comme en Allemagne par exemple, une entité non composée d'agents publics ou d'élus qui évalue la charge réelle pesant sur les entreprises, mais bel et bien le SGG lui-même et les ministères avec lui. Autant dire que la simplification pour les entreprises n'est pas pour demain et qu'au plus haut niveau le gouvernement continue de croire que seules les grandes administrations savent ce qui est bien.

Un de ces technocrates ose même expliquer en soupirant « qu'il faudrait que les entreprises arrêtent d'attendre tout de l'État ». On aimerait pouvoir en rire. C'est qu'ils se pensent indispensables. Dans les annexes de Matignon, certains sont lassés de voir à quel point les grands corps sont psychorigides. D'autres chuchotent et demandent : « Vous aussi, vous avez peur du SGG ? »

Le talon d'Achille du Président est là : il ne fait confiance qu'aux hauts fonctionnaires. Au fond, c'est assez logique pour un homme qui ne croit pas à la caste des élus : « Je ne crois pas que notre pays doive se soumettre aujourd'hui à ce conformisme de caste qui enseigne qu'il faudrait passer une vie en politique pour prétendre assumer les fonctions suprêmes. »

Le casting est-il le bon ? Nos grands commis de l'État ne sont pas réputés pour faire la révolution. C'était pourtant le titre du livre du candidat en campagne. Nos grands serviteurs de l'État sont plutôt connus pour être un mélange unique au monde d'intelligence et d'aveuglement.

« Y aller doucement » sur les réformes, disent-ils ? Les baisses d'impôts seraient alors impossibles à tenir et l'engrenage se répéterait infailliblement. Une seule question importe donc : après un an et demi au pouvoir, où est passée la transformation du modèle français annoncée par Emmanuel Macron ? S'il a (vraiment) tout compris, c'est maintenant que le transformation doit venir, après ce sera trop tard.

Car au prochain coup, si les réformes ne sont pas cette fois au rendez-vous, les populistes risquent de l'emporter.

8.

Petits paradis bien cachés

Le député connaît bien le dossier. Il sait que les éminences de Bercy ont eu chaud quand la Cour des comptes a sorti son rapport sur les primes illégales. Il sait aussi que, à peine quelques semaines plus tard, tout est rentré dans l'ordre car « les décrets sont déjà pris ». Ah ? Les primes ont donc été supprimées ? Non, au contraire, elles ont été pérennisées. C'est simple, pour ce député : à Bercy, « ils pensent qu'ils ont tous les droits ».

C'est presque vrai. La Cour des comptes a relevé plusieurs dispositifs au ministère qui sont sans fondement légal.

C'est le cas de l'IDAFiP. De quoi s'agit-il ? De la sympathique « indemnité différentielle des administrateurs des finances publiques » (16250 euros en moyenne par an). Petit problème : le dispositif est irrégulier car mis en place par une simple décision ministérielle du 18 juin 2009 et non via un décret du Premier ministre publié au *Journal officiel*. Et pourtant, il y a 9 ans qu'elle perdure.

Idem pour la plaisante ICCEPN, soit l'« indemnité complémentaire des comptables d'établissements publics nationaux » (37 333 euros de prime moyenne par an) : il s'agit d'une gratification accordée aux comptables des établissements publics nationaux afin de leur garantir une égalité de rémunération avec le personnel de même catégorie exerçant à Bercy (DGFiP). Ouf ! Le dispositif est là encore irrégulier car créé par simple décision ministérielle du 1er février 2011. Le plus incroyable ? Non seulement la prime est illégale, mais encore la décision qui la fonde est non publiée. À croire qu'elle repose sur du vide.

Même les contrôleurs budgétaires et comptables ministériels chargés du respect de la régularité des dépenses de rémunération dans les ministères sont concernés : ils perçoivent des primes alignées sur celles des administrateurs généraux des finances publiques de première classe ou de classe normale. Là encore sur une simple décision du ministre du Budget du 14 juin 2011, et là encore non publiée.

Pour les administrateurs des douanes, ce n'est pas mieux, enfin si justement (entre 18 876 euros par an et 60 117 euros par an de primes illégales) ! Mis en place afin de permettre le passage entre le régime antérieur et la réforme statutaire en 2012, le dispositif transitoire garantissant leur niveau de rémunération (qui est supérieur) est irrégulier car il a été introduit pour seulement 6 ans, soit jusqu'en 2017. Vous l'avez deviné, le décret (irrégulier) qui créait cette « prime » n'a jamais été publié.

Même problématique du côté des conservateurs des hypothèques. Depuis 2013, ils n'existent plus et les chefs de service de la publicité foncière sont rémunérés dans des conditions de droit commun. Seulement, les conservateurs en poste au moment de la réforme ont conservé leur rémunération antérieure tout en étant détachés dans un grade d'administrateur général des finances publiques ou dans un emploi de chef de service comptable. Ils perçoivent donc une prime (encore une fois supérieure) représentant une garantie de rémunération, créée sur la base d'une simple décision ministérielle du 26 mars 2012 (elle aussi non publiée pour ne rien changer).

Les primes qui ne sont pas soumises à l'impôt sur le revenu ou dont le fondement est illégal ont donc la vie dure. Autre exemple, les agents du Quai d'Orsay qui sont en poste à l'étranger profitent d'un revenu net par mois qui est très loin du revenu imposable. La cause ? Leur indemnité de résidence n'est pas soumise à l'impôt ! Cette indemnité est très faible quand les agents sont en poste à Paris, mais très élevée quand les agents sont en poste en ambassade.

Prenons le cas d'un agent en poste à l'étranger en 2015 : son net à payer mensuel est de plus de 13 000 euros mais son net imposable qui correspond est de moins de 2 600 euros ce mois-là.

Les services du ministère ont même dû rédiger une note pour expliquer aux agents l'écart entre le montant de leur revenu réel annuel et la part imposable : « Le montant imposable ne correspond pas à ce que j'ai réellement perçu. Pourquoi ? » Et de tenir la main à l'agent représentant la France à l'étranger pour qu'il comprenne qu'il ne faudrait tout de même pas qu'il déclare ses primes non imposables !

Et il n'y a pas que le Quai d'Orsay qui est concerné.

Des parlementaires qui votent les impôts à défaut de les payer à 100 %

Avant la réforme du dernier gouvernement, trois types d'indemnités étaient imposables en totalité pour les parlementaires : l'indemnité de base brute – soit 5 547 euros mensuels – et l'indemnité de résidence – 166 euros. L'indemnité de fonction – 1 428 euros – l'est devenue depuis janvier 2017 après une initiative de la députée PS Christine Pirès-Beaune. En parallèle, comme les ministres ne payaient pas, non plus, d'impôt sur le revenu sur leur indemnité de fonction, le député PS René Dosière a proposé de la fiscaliser. C'est fait. Avant cela, tous les mois le président de la République et le Premier ministre bénéficiaient donc aussi d'une indemnité de fonction non imposable de 2 980 euros, et de 1 990 euros par mois pour les ministres. Le sujet n'est pas le montant, car nos ministres et nos parlementaires ne sont pas beaucoup mieux rémunérés qu'ailleurs en Europe, mais plutôt le principe (très malhonnête) de se verser des sources d'indemnités annexes, souvent équivalentes au SMIC, et qui ne sont pas soumises à l'impôt quand on dirige le pays le plus imposé d'Europe. Que connaissent-ils, alors, de la réalité fiscale ?

Christian Eckert, alors secrétaire d'État au Budget, avait déclaré – avec beaucoup de finesse ! – qu'il fallait « éviter les revenus non imposables, surtout des revenus réguliers, forfaitisés », et de façon générale les « trous dans l'assiette fiscale ». Tout est en ordre alors ? Ah non, il manquait encore l'IRFM des parlementaires. Le candidat Macron avait promis de fiscaliser toutes ces indemnités. En juillet 2017, cela ne s'est pas exactement passé comme prévu.

Les IRFM, ce sont les indemnités représentatives de frais de mandat, qui représentent 5 805 euros brut mensuels. Ces fonds étaient prétendument destinés à couvrir les frais des parlementaires, mais ce, sans aucun justificatif et, bien entendu, sans impôt. De nombreux abus ont été réalisés grâce à ces IRFM : achat de permanences parlementaires (au nom personnel du député !), de voitures, etc. Tout cela grassement financé au nom des « frais de mandat ».

Dans le cadre de la loi dite de « moralisation », cette IRFM qui aurait dû être intégrée dans le revenu des parlementaires (puisqu'ils payent de la CSG dessus depuis 1991) a finalement été défiscalisée de sa part de CSG et transformée en avance mensuelle sur les frais de mandat. On croit rêver.

Pire, on apprend que dans les débats internes qui ont eu lieu à la questure de l'Assemblée, les députés avaient envisagé d'augmenter largement le montant de ces indemnités en prenant en charge tous les frais de permanence parlementaire et cela aurait fait mécaniquement exploser les frais de nos élus de la nation. L'idée avait été aussi caressée par certains de faire payer par l'Assemblée les frais de garde des enfants. Dur dur d'être parlementaire.

On comprend surtout que cela n'enchante pas les députés (même du nouveau monde) et les sénateurs de payer plus d'impôts. Pour un député célibataire, en incluant l'IRFM dans son revenu imposable, la note de l'impôt sur le revenu monterait au maximum à 23 000 euros de plus par an, soit 2,7 fois plus que ce qu'il paie aujourd'hui. Bienvenue dans la réalité fiscale !

La chirurgie esthétique entre-t-elle dans les frais de mandat ?

Assez crûment, la déontologue de l'Assemblée nationale, Agnès Roblot-Troizier, dans un rapport confidentiel, a pu affirmer que le nouveau dispositif ne lui permet pas « de contrôler que les dépenses des députés correspondent à des frais de mandat comme le prescrit la loi ». Elle précise que la liste des frais éligibles aux remboursements a été rédigée en suivant « des catégories formulées volontairement en termes généraux », un flou qui place les députés dans une situation d'insécurité juridique. C'est encore la déontologue qui a dû insister pour imposer une règle simple (et de bon sens) : « que les frais de mandat doivent avoir un lien direct avec l'exercice du mandat parlementaire ». Apparemment, nos députés auraient initialement oublié ce détail.

Depuis, ils s'inquiètent et posent beaucoup de questions à la déontologue : peuvent-ils acheter du mobilier et des œuvres d'art pour décorer leurs bureaux ? Cela pose problème pour savoir qui récupère ces pièces à la fin du mandat. Peuvent-ils acheter une voiture ? Oui, mais il vaut mieux privilégier la location. Peuvent-ils se faire rembourser les PV ? Non. Qu'inclut la catégorie « soins » ? Les soins de chirurgie esthétique sont-ils concernés ? Presque tout, tant que c'est en lien avec l'activité du parlementaire, un lien très lâche qui permet d'y inclure les soins ophtalmologiques, d'ostéopathie, de psychologie, des soins contre la grippe, des soins esthétiques en institut de beauté, les crèmes, le maquillage, mais aussi l'achat de sacs, de valises, les frais d'habillement (mais combien de costumes par an ? à quel prix ?), de coiffure. Aucun plafonnement de ces dépenses n'existe au sein de cette nouvelle avance. Ainsi, à défaut de payer l'impôt sur le revenu sur l'ensemble de leurs indemnités, nos députés seront stylés jusqu'au bout des ongles.

La déontologue est donc inquiète (et pour cause !) car c'est à elle de contrôler toutes ces dépenses, mais rien n'a vraiment été fait pour qu'elle ait autorité sur des députés qui sont seulement tenus de lui « présenter » les pièces justificatives. Le tout sans délai ni format de présentation obligatoires. D'ailleurs, chaque mois, les députés ont le droit de dépenser 400 euros sans justificatifs. Bon courage à elle.

Et n'oublions pas la dotation matérielle annuelle des députés qui regroupe toutes les dépenses de courrier, téléphone, taxi, matériels informatiques : 18 950 euros par an pour un député de métropole dont le reliquat est automatiquement reporté sur l'année suivante alors que, précédemment, les sommes non dépensées étaient conservées par l'Assemblée.

Pas vu, pas pris

Ces problèmes de moralité des rémunérations de l'État viennent de loin. Dès 2012, le magazine *Challenges* avait publié la liste des 656 hauts fonctionnaires gagnant plus que le président de la République. La pratique est courante et assumée au Royaume-Uni où, dans le cadre de la politique d'*open government*, toutes ces données sont publiées alors que tout est confidentiel en France. Une note classifiée de seulement 5 pages qu'on nomme « REM 150 » recense ainsi les « rémunérations au-dessus de 150 000 euros par an ». Le ministre fait la sourde oreille quand on lui demande cette liste.

En France, le dernier pointage accessible datant de 2012 mettait en exergue que sur 656 fonctionnaires ayant des rémunérations dépassant celle du président de la République, 385 étaient cadres du Quai d'Orsay en poste à l'étranger (et donc en partie non imposables), 232 étaient cadres à Bercy dont 39 chefs de service économique à l'étranger et 193 en fonction sur le territoire. Enfin, les autres administrations, tous ministères confondus, représentaient seulement 39 autres cas.

D'ailleurs, en 2013, Bruno Bézard, alors directeur général de la DGFIP, avait décidé de baisser en moyenne de 2 000 euros par personne l'enveloppe des « modulations », la prime de performance des administrateurs des finances publiques, afin de les « sensibiliser » au gel maintenu du point dans le reste de la fonction publique. Il avait d'ailleurs été évoqué à cette occasion le coût important (589 millions d'euros) des primes irrégulières, du maintien des régimes antérieurs qui entraîneraient, en haut de l'échelle des salaires, des augmentations pouvant aller de 30 à 40 %, ce qui était dénoncé à l'époque par les syndicats.

La Cour reconnaît que « le niveau élevé de la rémunération des administrateurs généraux des finances publiques est difficile à justifier ». En effet, les magistrats de la Cour pointent que près de 85 % des plus hautes rémunérations des ministères financiers sont perçues par des agents exerçant des fonctions comptables, ce qui pose « la question de l'adéquation entre le niveau de rémunération des comptables et les charges auxquelles ils peuvent avoir à faire face ». En clair, la rémunération est-elle proportionnée à la responsabilité réellement exercée ? La justification traditionnelle à cette question repose sur les sommes potentiellement laissées à la charge des comptables de Bercy en cas de dysfonctionnement grave. Or, comme le relève la Cour : le montant moyen annuel des sommes « laissées à charge » et non rémissibles s'élève à 610 euros et les garanties financières entre 2 000 et 3 500 euros. Les ordres de grandeur ne sont clairement pas les mêmes.

Par ailleurs, un directeur régional des finances publiques gagne en moyenne 35 000 euros de plus par an qu'un directeur d'administration centrale. Les fonctions comptables déconcentrées sont donc beaucoup plus attractives que les fonctions « en centrale », et de loin.

Face à ce rapport de la Cour, le ministre des Comptes publics a réaffirmé sa volonté de faire baisser les rémunérations et d'éliminer progressivement les régimes indemnitaires différentiels (traduction : les primes !).

Que s'est-il passé ? Les décrets pour régulariser ces primes illégales auraient été passés dare-dare début 2018. Étrangement, ils ne sont pas encore publiés. Le règne du président Macron s'inscrit, jusqu'ici, dans la continuité.

9.

Exil fiscal : le tabou qui résiste

Quand vous posez la question suivante à la communauté française à Bruxelles, à Lisbonne, ou à Genève, « Qui sont ceux d'entre vous qui préparent leur retour en France ? », la réponse est soit un silence de plomb, soit un grand éclat de rire, mais nul ne lève jamais la main. Cela arrivera peut-être. On l'espère en tout cas. Ce sujet reste totalement tabou. Et ce parce que les différents gouvernements, et surtout Bercy, savent bien qu'avec un taux de prélèvements obligatoires supérieur à tous ceux des pays européens, la France est loin d'avoir retrouvé son attractivité fiscale, même et surtout vis-à-vis de ses propres ouailles. Plus de 175 000 Français établis en Suisse, plus de 120 000 en Belgique avec une large surreprésentation des entrepreneurs. Le sujet reste largement sous-estimé.

Des rapports désormais secrets

Il a fallu plusieurs mois pour récupérer en catimini le rapport[1] secret de Bercy sur le sujet. L'information est bien gardée ou plutôt, elle est désormais sciemment occultée par le Parlement lui-même. Pendant plusieurs années, ce rapport dit « Marini », non obligatoire, était rédigé tous les ans par le même sénateur rédacteur qui en assurait aussi la diffusion. Un travail de bénévole donc. Alors, dans sa grande bonté, le Parlement a décidé d'annualiser la rédaction de ce rapport, mais plus d'autoriser sa diffusion : il est devenu strictement confidentiel, et ce, depuis 2014. Il faut dire que, pendant ce temps, le coup de massue fiscal a été massif. Selon l'INSEE, la pression fiscale s'est accrue sur les 5 dernières années de 1,6 point de PIB, soit près de 35 milliards d'euros, passant de 43,8 % à 45,4 % du PIB[2] entre 2012 et 2017. De là à imaginer qu'on nous cache un lien de cause à effet…

Garder les rapports bien au fond des placards, Bercy le fait aussi très bien. Une loi, depuis 2014, oblige à la publication du « nombre de contribuables quittant le territoire national et leur

1. Rapport 2017 relatif aux contribuables quittant le territoire national.

2. Hors contributions sociales imputées, mais avec les crédits d'impôts. Ameco Database, consultée le 4 avril 2018.

répartition en fonction du pays de destination, le nombre de contrôles annuels effectués par l'administration fiscale auprès des particuliers, ainsi que le montant des droits et pénalités appliqués et recouvrés et le nombre des particuliers concernés ». Un document jamais publié. L'excuse de Bercy pour ne pas avoir à rendre publiques ces données dérangeantes est que la version que le ministère possède est non anonymisée. Elle est donc de fait couverte par le secret fiscal, secret que seuls peuvent prendre en charge les rapporteurs spéciaux des commissions des finances, ce qui empêche toute communication au public. CQFD.

Et les chiffres sont plus que parlants.

D'abord, pour répondre à la question y a-t-il un lien entre la pression fiscale et les départs des Français vers l'étranger ? Il faut, pour cela, commencer par regarder les départs des redevables à l'IR entre 2007 et 2015. Que constate-t-on ? Que les départs se sont multipliés quasiment par 2 entre ces deux dates, de 25 473 à 50 362 départs. Dans le même temps, le taux de prélèvements obligatoires augmentait de 2,4 points. Les deux courbes se suivent presque parfaitement.

Focus sur l'ISF cette fois, on constate une augmentation progressive des départs de gros patrimoines. Si l'on retient uniquement les patrimoines supérieurs à 1,3 million d'euros, l'augmentation globale est de 14,4 points entre 2002 et 2010. Une augmentation qui est du même ordre que l'inflation (14,3 points). Ce phénomène montre l'une des maladies congénitales de l'ISF. Le barème n'est pas revalorisé chaque année de l'inflation. En conséquence, les patrimoines qui croissent au même rythme que celle-ci se trouvent progressivement rattrapés par le barème de l'ISF. La croissance des patrimoines aboutit donc à renforcer leur décision de partir afin de ne pas se faire rattraper ou dépasser par ledit barème. Résultat, si 383 contribuables à l'ISF partaient en 2002 dont 206 disposaient de capitaux supérieurs à 1,3 million d'euros, ils étaient 808 en 2010 dont 551 de plus de 1,3 million.

15 milliards d'euros de perte de patrimoine pour la France

In fine, c'est la seule question qui vaille : combien coûtent les départs des gros patrimoines à la France ? Or, ce que révèle le rapport caché, c'est que l'on dispose pour chaque année de la base nette imposable totale des redevables ISF partis à l'étranger quel qu'en soit le nombre. Tout est écrit noir sur blanc.

Entre 2002 et 2015, on sait combien de gros patrimoines partent et rentrent en France. Le flux est relativement stable avec 3,04 milliards par an, en moyenne, de sorties pour des rentrées beaucoup plus faibles de l'ordre de 655 millions d'euros. Chaque année, la France s'appauvrit donc de 2,38 milliards d'euros.

Sur une base de 34 ans[1] (depuis la création de l'impôt sur la fortune en 1982 moins les années de cohabitation de 1986 et 1987 qui ont aboli l'IGF), le manque à gagner en matière d'IGF/ISF représenterait environ 15,23 milliards d'euros. Rien que pour l'année 2017, le manque à gagner d'ISF représenterait près de 1,032 milliard d'euros, soit, rapporté à sa productivité en 2017, environ 25 % de son produit. Ces résultats sont cohérents avec ceux dégagés par une récente étude de l'institut COE-Rexecode de juillet 2017[2]. Celui-ci constate entre 1982 et 2015 un déplacement de patrimoine lié aux départs à l'étranger des assujettis à l'ISF de l'ordre de 70 milliards d'euros, soit une valeur actualisée

1. En prenant pour base que les patrimoines exilés sont partis à volume cumulé annuel moyen, il est possible d'estimer pour chaque millésime de patrimoine le montant des intérêts qui auraient été encaissés s'ils avaient été placés en Bourse, en leur attribuant un rendement moyen constaté depuis la création de la Bourse de Paris en 1988, soit 3 % par an. Cela permet d'évaluer les intérêts et intérêts composés de chaque millésime. Les résultats sont sans appel, fin 2017 le capital net sorti de France représenterait 81,09 milliards d'euros sur la période, les intérêts et les intérêts composés représentant un montant de 62,2 milliards d'euros. Le capital initial aurait donc crû de près de 77 %.

2. « Les conséquences économiques des expatriations dues aux écarts de fiscalité entre la France et les autres pays », Coe-Rexecode, juillet 2017.

d'environ 104 milliards d'euros de patrimoine taxable.

Le gouvernement en a-t-il fait assez en mettant en place un prélèvement forfaitaire unique et en supprimant l'ISF au profit de l'impôt sur la fortune immobilière pour inciter les contribuables français partis à l'étranger pour raisons fiscales à rentrer en France ? Rien n'est moins sûr. L'IFI reste un repoussoir.

Ce qu'il faut, ce sont des symboles forts comme la suppression de l'impôt sur la fortune immobilière et le rétablissement d'un bouclier fiscal. Autre possibilité : une amnistie fiscale, mais il faudra aussi que le taux des prélèvements obligatoires soit beaucoup plus bas pour vraiment inciter nos compatriotes à rentrer, fiscalement s'entend, dans l'Hexagone. Comme le dit l'un des meilleurs connaisseurs de nos compatriotes partis sous d'autres cieux fiscaux : « Ils ont découvert d'autres horizons, pas forcément désagréables. Je n'en rencontre jamais qui songent à revenir. Trois fois hélas ! Pour qu'ils remettent le pied dans l'eau glacée de notre fiscalité, il faudrait vraiment du changement. Celui-ci n'est pas à l'horizon. Les gens ne sont pas idiots. Ils penseront que le vent a tourné seulement quand la courbe des dépenses aura changé de cap. » Reste à savoir pourquoi ce rapport sur les départs des contribuables à l'étranger qui devrait être en annexe à la loi de finances n'est jamais publié. À croire que l'administration y met délibérément des informations fiscales sensibles pour restreindre sa diffusion.

Et pourtant, le président de la République voudrait plus de millionnaires et de milliardaires en France.

10.

Le *spoil system* existe-t-il ?

Janvier 2018, le président de la République déclarait solennellement devant la Cour des comptes réunie au grand complet : « Je souhaite très profondément que les fonctionnaires des grands corps se frottent au réel, choisissent des défis difficiles, relèvent les défis du terrain à chaque étape de leur carrière. » Et d'ajouter : « Je souhaite que la sortie de l'ENA comme la carrière durant les premières années puissent être modifiées pour tenir compte des priorités gouvernementales [...]. Nous avons besoin de talents pour rénover l'éducation, le logement, les affaires sociales. Les ministres me disent qu'ils ont des problèmes de ressources. »

Les annonces officielles avaient de quoi inquiéter les technocrates des grands corps. Un quart au moins des directeurs d'administration centrale devaient être nommés hors fonction publique selon l'engagement pris pendant la campagne, et ce, sur la base « d'appels à candidatures ouverts ». Par ailleurs, le Président avait annoncé : « Dans les deux premiers mois du quinquennat, je changerai ou confirmerai l'intégralité des postes de direction dans la fonction publique. C'est une mise sous tension de l'appareil d'État. » Il avait aussi annoncé la fin des castes administratives.

En réalité, sur le terrain, les contractuels sont bel et bien priés de rester à leur place. Même avec 20 ans d'expérience dans le secteur public à haut niveau, en cabinet ministériel, au Parlement, en administration centrale. « Tu crois que j'ai une chance de diriger un jour une administration centrale, très drôle ! C'est impossible », s'exclame l'un des leurs. Ces contractuels qui entendent parler en permanence de modernisation n'en reviennent pas que l'un des premiers décrets passés par le gouvernement soit un décret qui permette aux agents de la fonction publique, quand ils sont en détachement dans le privé, de conserver pendant 5 ans leur avancement dans le public. Naïvement, on pourrait penser que c'est bon pour la mixité public/privé. Le gouvernement vient d'annoncer l'ouverture de 1 000 postes de direction aux contractuels mais le quota d'administrateurs civils sera-t-il en même temps pérennisé ? Ce qui viderait *de facto* la mesure d'une grande part de son efficacité.

Rien que dans le cabinet d'Emmanuel Macron, qui compte 52 conseillers, 26 viennent des cabinets de gauche (gouvernement sous Hollande et mairie de Paris principalement), les autres viennent globalement des administrations. Mais, si l'on décortique le parcours de chacun, la fin du pouvoir des grands corps au plus haut niveau de l'État est loin d'être accomplie : 19 sont énarques et 40 sont des hauts fonctionnaires. 77 % des conseillers les plus proches du Président sont donc bien issus de notre fameuse haute administration. Et, pour l'anecdote, alors que le Président insiste souvent sur la parité et la place des femmes, on compte seulement 16 femmes dans le cabinet de l'Élysée, soit 31 %.

Combien de dirigeants de nos administrations centrales ont-ils été changés ?

Le *spoil system*, ou « système des dépouilles », est un principe selon lequel un nouveau gouvernement, devant pouvoir compter sur la loyauté des fonctionnaires, remplace ceux qui sont en poste par des fidèles. Ce système est aussi assis sur le principe qui veut que le service public ne doit pas être réservé à une élite mais accessible à tous : il devait concerner 180 postes de directeurs d'administration centrale. Le chiffre de 240 postes circule aussi dans les rapports publics (directeurs d'administration centrale + hauts-commissaires et délégués ministériels).

Selon *Acteurs publics*, et quel que soit le périmètre retenu (ici 240 postes), les changements dans l'appareil d'État depuis l'élection d'Emmanuel Macron à fin 2017 sont très modestes :

49 nominations sur 240 postes sont intervenues dans les premiers mois du quinquennat alors que François Hollande, dans la même période, avait changé 69 dirigeants.

Certains postes de directeurs d'administration centrale sensibles, sécurité intérieure, sécurité extérieure, administration pénitentiaire, affaires criminelles et grâces, secrétariat général de la culture, services de transports, enseignement supérieur, offre de soins, direction des ressources humaines de Bercy, etc. ont été pourvus car ils étaient vacants au moment de la présidentielle, ou parce que leurs titulaires venaient de se voir proposer un poste en cabinet ministériel (le directeur de la Sécurité sociale, par exemple). On peut donc douter que ces nominations interviennent dans le cadre du *spoil system.*

Sur 49 nominations, on dénombre 36 hommes et 13 femmes, donc là encore un faible pourcentage de femmes (26,5 %) et toujours une très grande sur-représentation des grands corps de l'État avec 22 énarques et 4 polytechniciens.

Si certains postes, comme ceux de la sécurité intérieure, n'ont pas vocation à l'ouverture, les hauts fonctionnaires demeurent privilégiés dans l'accession aux postes de directeurs d'administration centrale. À titre d'exemple, 3 membres du Conseil d'État ont obtenu les 3 postes de directeurs des affaires juridiques vacants à Bercy, à la Défense et à l'Éducation nationale. Il aurait pu être envisagé d'y nommer certains universitaires ou des magistrats. Eh bien non ! Pas de bouleversements à la Santé non plus : les deux postes à pourvoir ont été raflés par des inspectrices générales des affaires sociales.

Si l'on fait le point sur les parcours de carrière des nouveaux directeurs nommés par le président Macron, 20 des 49 directeurs ont appartenu à des cabinets de droite, 7 à des cabinets de gauche, 4 autres (notamment militaires) à des cabinets de gauche et de droite.

Contrairement à ce que l'on aurait pu croire étant donné les déclarations du Président, seuls 7 des 49 directeurs justifient d'une expérience, même courte, en entreprise (publique ou privée), on est bien loin du quart promis lors de la campagne présidentielle.

Ce résultat est largement dû à la comptabilisation des hauts-commissaires, pour lesquels on peut parler d'une stratégie d'ouverture.

Selon les ministères

À l'Éducation nationale, les postes clés ont été renouvelés par Jean-Michel Blanquer dès les premiers mois. Dès le mois d'août, il nomme le nouveau numéro 2 du ministère, surnommé la Dgesco, Jean-Marc Huart, un inspecteur général de l'Éducation nationale. Pour la direction des affaires juridiques, Jean-Michel Blanquer a nommé une conseillère d'État, Natacha Chicot, proche d'Édouard Philippe, avec lequel elle a siégé jusqu'au début de l'année 2018 au conseil municipal du Havre. Enfin, le ministre de l'Éducation nationale a recruté Marie-Anne Lévêque (conseillère d'État aussi) au poste de secrétaire générale, puisée à gauche cette fois-ci (ancienne conseillère de Lionel Jospin et de Jean-Marc Ayrault).

Logique tout autre au ministère de la Culture, Françoise Nyssen n'a pas bousculé ses troupes à son arrivée rue de Valois. Elle a tout de même remplacé au poste clé de secrétaire général du ministère Christopher Miles (appelé à la direction du palais de Tokyo) par Hervé Barbaret, magistrat de la Cour des comptes et ancien patron du Mobilier national. La ministre a maintenu les autres directeurs : Régine Hatchondo, directrice générale de la création artistique et ancienne conseillère de Manuel Valls à Matignon, le directeur général des patrimoines, Vincent Berjot, ancien de la direction du budget à Bercy passé par la Ville de Paris, l'ancien dirigeant de Radio France et de France Télévisions Martin Adjari (directeur général des médias et des industries culturelles) et le délégué général à la langue française et aux langues de France, l'universitaire Loïc Depecker.

Pendant ce temps-là ?

Le nouveau chantier proposé par l'exécutif concerne cette fois-ci les postes secondaires de l'administration centrale, dans la même logique de turnover. À terme, les difficultés que pose actuellement l'ouverture de l'encadrement dirigeant – le manque d'expérience, l'acculturation – pourraient être résolues. En donnant une possibilité à des cadres venus d'horizons divers de « se faire les dents » sur des postes de l'encadrement supérieur, soit le niveau inférieur, un vivier pourra progressivement se constituer et permettre au gouvernement d'y piocher pour recruter des futurs directeurs d'administration centrale.

Pour l'instant, l'administration reste autogérée en vérité, toute velléité de brider les grands corps ayant échoué ces dernières années. Sous la présidence de Nicolas Sarkozy, des « listes d'aptitude » visant à concilier la demande des administrations et les attentes des fonctionnaires avaient été prestement enterrées.

Il faut dire que l'usage veut que les élèves les mieux classés de l'ENA choisissent, dans l'ordre, l'Inspection générale des finances, le Conseil d'État et la Cour des comptes. Vient ensuite le ministère des Affaires étrangères, suivi par certaines directions de Bercy et par les inspections générales de l'administration et des affaires sociales. Le ministère de l'Éducation nationale, plus gros budget de l'État, se situe très loin, en bas de palmarès.

François Hollande souhaitait, lui aussi, aménager le classement de sortie de l'ENA avec un groupe de travail sous la houlette de la ministre socialiste de la fonction publique, Marylise Lebranchu. Elle souhaitait réduire l'influence de l'Inspection générale des finances, de la Cour des comptes et du Conseil d'État qui sélectionnent leurs futurs agents dans les premières places du classement de sortie. Crime de lèse-majesté, batailles entre conseillers, les grands corps n'ont pas laissé passer. Son successeur, Annick Girardin, a renoncé à supprimer ce classement sous le prétexte officiel qu'il restait trop peu de temps pour boucler la réforme avant la fin du quinquennat Hollande. En réalité, comme elle l'a expliqué plus tard au journaliste du *Nouvel Observateur* Vincent Jauvert, son idée initiale était de radier de la fonction publique les membres des grands corps partant pantoufler dans le privé avant d'avoir accompli 10 ans dans la fonction publique. Mais Bercy et ses inspecteurs des finances ont fait bloc contre la ministre. La seule chose qu'elle ait obtenue ? Une réduction du poids des grands corps passée par décret *in extremis* avant la fin du quinquennat Hollande. Mais un décret du 28 juin 2017 passé par le gouvernement Macron remet tout en place et le classement de sortie revient à son organisation originelle.

Le nouveau directeur de l'ENA, Patrick Gérard – non énarque –, a indiqué vouloir « faire en sorte que les meilleurs ne partent pas systématiquement dans les grands corps mais rejoignent les ministères prioritaires pour l'action publique ». Mais on ne parle toujours pas (même en *off*) de supprimer le classement de sortie.

Le 1er février 2018, Édouard Philippe a exploré une piste alternative : contraindre au détachement (durant 2 années), dans un ministère ou un territoire prioritaire, les anciens élèves de « la Botte » 2 ans après leur affectation dans un grand corps.

La réforme est donc beaucoup moins ambitieuse que celle promise par le candidat Macron. L'ouverture aux profils du privé aussi. On le mesure aisément à l'aune du bras de fer qui a duré des mois entre Matignon et Bercy sur le sujet d'une nomination essentielle pour les prochaines années : celle du DRH de la fonction publique, le directeur de la DGAFP, la Direction générale de l'administration et de la fonction publique. Deux profils s'affrontent : un public/privé et un 100 % privé. Certains, à Matignon, trouveraient que la nomination d'un DRH au parcours 100 % privé serait trop disruptive. Et pour cause, dans le passé, le poste n'a jamais été occupé que par des agents ayant travaillé uniquement dans le public. Le Conseil d'État a très longtemps trusté le poste de la DGAFP. Historiquement, c'est une sorte de droit acquis !

En clair : l'objectif de recruter un quart des directeurs d'administration centrale en dehors de la fonction publique n'est pas tenu, l'objectif de changer les têtes qui dirigent l'administration non plus.

Quant à l'objectif de réformer l'ENA profondément, on sent bien qu'il s'éloigne chaque jour un peu plus. Et quand un poste pourrait échoir à un profil issu du privé, on voit bien que tout le monde est prêt à sortir les bazookas pour l'éliminer. Le décret de nomination à la tête de la DGAFP, signé du président de la République et contresigné par le Premier ministre et le ministre en charge de la Fonction publique, sera le juge de paix. Si le gouvernement fait machine arrière sur cette nomination à forte portée symbolique, ce sera la preuve que la réforme du statut de l'ENA et le fameux *spoil system* ne sont pas pour cette fois. Mais où est passée la grande « transformation » annoncée par notre jeune président ?

11.

Où sont les économies ?

Il est désabusé, cet éminent membre de CAP 2022 – ce sigle ésotérique désigne le Comité pour l'action publique censé phosphorer sur la réforme de l'État « pour une transformation du service public ». L'autre jour, Emmanuel Macron en personne lui confie : « Je compte sur toi pour la réforme de l'État, j'espère que vous allez nous faire de belles propositions. » Notre éminent membre pâlit : « Il me dit "Je compte sur toi" ? Mais moi je ne suis au courant de RIEN ! Nous, les membres du Comité, on ne connaît pas une ligne du rapport en préparation. Quatre ou cinq technos ont pris la main depuis longtemps. Et ils ont tellement peur des fuites qu'ils ne nous disent rien. Et force est de constater que le Président lui-même n'a pas l'air de connaître tout ce qui se passe dans le Comité. C'est décourageant. »

Ce rapport, c'est l'Arlésienne. Annoncé en février 2018, repoussé en avril, puis en juin puis en juillet et il finit par fuiter dans la presse. 30 milliards d'économies ? Ces 30 milliards sont en réalité 12 milliards d'économies et... plus de 9 milliards de recettes publiques !

La réforme de l'État, de l'action publique, de l'administration, de la fonction publique : on nous la promet sous toutes ses formes depuis 2007 (et même avant !). Nicolas Sarkozy inventait la RGPP pour la « révision générale des politiques publiques », François Hollande changeait le titre avec la MAP pour « modernisation de l'action publique ». En parallèle, a été nommé un secrétariat général pour la modernisation de l'action publique pour coordonner ces questions auprès de Matignon, mais il laisse ensuite sa place à la DITP pour Direction interministérielle de la transformation publique et à la DINSIC pour Direction interministérielle du numérique et du système d'information et de communication de l'État en 2017. Le tout en travaillant en partenariat avec la DGAFP, la Direction générale de l'administration et de la fonction publique et la Direction du budget à Bercy. Un véritable dédale qui dure depuis plus de 10 ans et tout ça pour rien. À part occuper quelques experts et donner l'impression de faire bouger les lignes.

Où est l'État en mode start-up ? Où est passée la République numérique ? Dans les limbes. En face de la numérisation vient de naître le concept imbattable de la « dénumérisation ». Certains appels d'offres dans les collectivités sont passés sous forme numérique – obligatoire à partir d'octobre 2018 –, mais la préfecture demande aux collectivités de leur adresser les appels d'offres sur papier. Quand la collectivité propose de faire parvenir les documents sur clé USB, refus de la préfecture. Une région a même dû imprimer un semi-remorque de papier sur certains marchés à la demande de la préfecture pour ses contrôles. Résultat : 8 agents à temps plein sur 2 mois avec 2 copieurs dédiés. Qui a contrôlé le semi-remorque de papier ? Mystère. La région n'a eu aucun retour. Mais si pas de dossiers papier à la préfecture, pas de validation du marché et pas de contrat avec le fournisseur. Pas de bras, pas de chocolat. Cette région se pose maintenant la question de passer un marché d'impression ! D'un côté on simplifie, de l'autre on complexifie. Et ça coûte toujours plus cher pendant que les rapports sur les économies restent au placard.

Un observateur extérieur renchérit sur ce nouveau CAP 2022 : « Qu'ils sont lents ! » À 34 membres, il leur a fallu un an pour rendre un premier avis déterminant les pistes de modernisation. On croit halluciner, mais ceux qui sont à la manœuvre, Véronique Bédague-Hamilius[1], Clotilde Valter[2], Dominique Libault, Christine

---

1. Ancienne conseillère de Laurent Fabius, ancienne secrétaire générale de la Ville de Paris et ancienne directrice de cabinet de Manuel Valls alors Premier ministre, et secrétaire générale de Nexity.

2. Ancienne conseillère technique de Lionel Jospin, alors Premier ministre, ancienne députée du Calvados,

Lavarde et François Bonneau entre autres, ne sont pas parmi les personnalités qui se sont le plus illustrées ces dernières années dans la réforme de l'État, malgré des postes à responsabilité dans les collectivités ou dans les ministères. Dominique Libault, par exemple, est le « grand prêtre » de la Sécurité sociale depuis 20 ans. Son truc ? Faire rentrer des recettes puis les dépenser. On le voit mal chercher des économies dans les administrations.

Au final, plus de 60 % des membres de ce CAP 2022 sont des agents publics, la plupart des hauts fonctionnaires de l'État et beaucoup d'élus locaux. Un casting très peu original car, comme d'habitude, ce sont les corps d'inspection qui ont géré ces nominations. On y recense donc 15 hauts fonctionnaires d'État mais aucun responsable territorial. L'un d'entre eux s'insurge d'ailleurs : « Comment peut-on piloter ainsi une réflexion sur l'ensemble de la fonction publique ? Où est la crédibilité du comité ? Le ver n'est-il pas déjà dans le fruit ? La moindre des choses, pour créer de la confiance, pour créer un climat favorable à la discussion, c'est d'associer des fonctionnaires territoriaux ! L'observatoire de la gestion publique locale, institué par la loi NOTRE, avait lui prévu une représentation des cadres de la territoriale. »

---

ancienne secrétaire d'État à la Réforme de l'État et à la Simplification, et ancienne secrétaire d'État chargée de la Formation professionnelle et de l'Apprentissage.

Faire du neuf avec du vieux. Voilà qui pourrait être le slogan de CAP 2022. Au démarrage du quinquennat, le gouvernement a tenté de s'appuyer sur les ministères. Début 2018, il a bien vu qu'il ne se passait rien, alors il a mis la pression. Mais la pression sur quoi ? La feuille de route de la modernisation de l'action publique veut que les retraites ne soient pas dans le champ de la réflexion (!), l'assurance chômage non plus (!), la réorganisation des collectivités locales non plus (!!) ? Et les annonces sur une réforme du statut de la fonction publique, elles, interviennent en dehors des propositions du comité. C'est à n'y rien comprendre car l'objectif principal du comité, c'est de faire des propositions et de veiller à la réalisation de la promesse présidentielle d'ici à 2022.

Des promesses en l'air

Pourtant, l'annonce pendant la campagne était forte : réduire de 120 000 le nombre d'agents publics sur la durée du quinquennat. Le candidat Emmanuel Macron est même allé jusqu'à donner le détail de cette baisse : 50 000 postes non renouvelés dans la fonction publique d'État et 70 000 dans la fonction publique territoriale. Alors, forcément, c'est avec beaucoup d'attente que le premier budget du gouvernement a été scruté. Seulement voilà, sur les 50 000 postes à supprimer d'ici à 2022 au niveau de l'État et de ses opérateurs, le budget 2018 prévoit seulement 1 600 suppressions de postes au niveau de l'État.

C'est peu, très peu.

Mais c'est encore pire quand on comprend que les 1 600 postes supprimés[1] ne pèsent en réalité que 681 postes à temps plein travaillés. En conséquence, la marche à franchir pour les années à venir sera beaucoup plus haute qu'anticipé. Non pas 12 330 postes mais plutôt 29 000 postes à supprimer par an. Un chiffre qui, évidemment, n'est affiché nulle part mais qui seul peut permettre d'atteindre les 4 milliards d'économies anticipées. Un objectif qui ne sera évidemment jamais atteint.

Et que dire quand on apprend que le plafond maximum d'emplois autorisés pour l'État et ses satellites a été augmenté de 16 000 postes entre 2017 et 2018 pour les ministères et de 2 000 pour les opérateurs ? On croit rêver. La masse salariale publique ne risque pas de baisser !

Du côté des collectivités territoriales, aucune obligation, mais les derniers chiffres publiés par l'INSEE montrent une légère amélioration pour 2016, y compris en incluant les contrats aidés avec une baisse de l'emploi public local de – 0,4 % (soit environ 10 000 postes). Cependant, cette évolution ne préjuge pas du niveau qui sera atteint en 2017. Les baisses de 70 000 postes incluront-elles

1. Voir annexe 6.

les baisses de contrats aidés ? Seront-elles de vrais temps pleins ? Ces arbitrages devront être réalisés en termes de maîtrise de la masse salariale dans le cadre des pactes financiers que l'État escompte passer avec les 322 collectivités et établissements locaux concernés au printemps 2018. Le secteur hospitalier étant, quant à lui, sanctuarisé.

Enfin, Emmanuel Macron a également promis une réforme du management de la fonction publique dont les contours restent flous. La question du temps de travail des agents devra y avoir une place de choix, et pour cause : sur les 1 607 heures de service obligatoires pour un temps plein, la Cour des comptes (dans un audit réalisé sur 103 collectivités) a permis de mettre en évidence une moyenne de 1 562 heures travaillées. Amener les agents à leur temps de travail légal permettrait de déboucher sur une réduction de 57 000 postes pour une qualité de service public constante. Le tout pour une économie de masse salariale estimée à 1,2 milliard d'euros. Sans même évoquer les questions d'absentéisme ou d'un alignement du temps de travail des agents sur le privé (environ 39 heures hebdomadaires), il pourrait s'agir d'un vecteur puissant afin d'atteindre le non-renouvellement de 3 fonctionnaires sur 7 partant à la retraite dans les services, soit le rythme que doivent trouver Emmanuel Macron et son gouvernement pour respecter (vraiment) leur promesse.

Le sempiternel retour des économies virtuelles

Le Président s'était aussi engagé, pendant la campagne, à faire 60 milliards d'économies sur la durée de son quinquennat. Ambitieux, son gouvernement a porté l'effort à 80 milliards d'économies sur les dépenses publiques d'ici à 2022. Ont-ils compris l'urgence de notre situation budgétaire ? Au niveau de la communication, oui. Dans les faits, non, car on constate que ces économies sont survendues et peu fiables dans le budget 2018 ainsi que dans leur programmation jusqu'en 2022.

Le plus important (et scandaleux) : le gouvernement a usé d'une tactique classique pour gonfler les économies promises, celle d'une surévaluation implicite de la hausse mécanique des dépenses. Une formulation et un mode de calcul alambiqués, mais grâce à cette pirouette, le gouvernement affiche 46,4 milliards d'économies qui sont virtuelles ! Si la trajectoire des dépenses n'est pas réorientée, Emmanuel Macron n'aura réellement « économisé » que 37,6 milliards d'euros d'ici à 2022. Et en valeur, la dépense aura augmenté d'environ 90 milliards d'euros.

Au moment de l'élection, les objectifs du gouvernement étaient de 20 milliards d'euros d'économies en 2018, 38 milliards en 2019, 58 milliards en 2020, 71 milliards en 2021 et 80 milliards en 2022. Fin 2017, tout a été revu à la baisse puisque les économies attendues en 2018 sont désormais de 14 milliards, 26 milliards en 2019, 42 milliards en 2020, 60 milliards en 2021 et 80 milliards en 2022 pour respecter la promesse. On constate aussi que les économies ont été repoussées dans la loi de programmation 2018-2022 par rapport aux objectifs annoncés juste après l'élection. Plus le temps passe, plus la réalisation de ces économies est improbable.

Autre vieille recette qui fonctionne toujours, le gouvernement a changé la présentation des économies par rapport au tendanciel (rythme des dépenses inchangé). Une présentation à la fois plus sincère et plus trompeuse ! Plus sincère car la baisse des dépenses en volume par rapport au PIB est un véritable alignement sur les autres acteurs économiques. Cela va permettre de rompre avec les évaluations contradictoires (systématiques) entre la Direction du budget et la Cour des comptes. Plus trompeuse car avec une révision du PIB à la hausse de 1,9 % en 2017 et un acquis de croissance de 1,7 % en 2018, la dépense publique va baisser et des économies supplémentaires vont apparaître mécaniquement sans avoir à économiser plus en euros courants. Mais en cas de croissance faible, il faudra en trouver de nouvelles.

En pratique, on compte quand même pas mal d'économies documentées au niveau de l'État pour 2018 (baisse des APL : 800 millions, par exemple) mais elles sont moindres au niveau de la Sécurité sociale et incertaines sur l'hôpital. Quant à la sphère locale, rien n'est joué car les économies dépendront des négociations avec les (très nombreux) partenaires locaux.

C'est (encore et toujours) le sujet majeur. Didier Migaud, président (désabusé) de la Cour des comptes, le rappelle presque à chaque présentation de rapport. Il n'y a eu, jusqu'à aujourd'hui, presque aucun ajustement structurel de la dépense publique et ce, malgré les discours que nous servent les gouvernements successifs.

Du pain sur la planche

La barre en la matière est haute : il faut baisser la dépense publique (56,1 % du PIB aujourd'hui) de 3 points d'ici à 2022. Ces 3 points ne disparaîtront pas par magie. Cela implique « de revoir profondément et durablement les missions de l'ensemble des acteurs publics ». Tiens, c'est justement ce qu'avait décrit le Premier ministre en lançant le programme CAP 2022 en septembre 2017. Il va falloir dépasser le stade des discours, des promesses en l'air et de la création de comités fantoches de modernisation.

Un poil arrogants, les nouveaux parlementaires d'En Marche ! expliquaient à leur arrivée que, contrairement aux précédents gouvernements, leur majorité préfère, elle, « des actions intelligentes de transformation qui [lui] apparaissent beaucoup plus payantes à long terme », plutôt que « la politique du rabot ». Rien que ça, sauf que comme avec tous les autres gouvernements, on ne voit absolument rien de ce côté-là.

Mais le plus incroyable est encore à venir : un bilan des bilans de la réforme de l'État a été commandé par le gouvernement à France Stratégie qui a succédé au Commissariat au Plan. Dans une lettre adressée au commissaire général de France Stratégie, le ministre Gérald Darmanin et le secrétaire d'État Olivier Dussopt lui ont demandé de passer en revue les réformes de l'administration de ces dernières années et de faire la synthèse des travaux sur le sujet avec (s'il vous plaît !) une bibliographie. « Le déploiement de mesures adéquates de conduite du changement est une condition nécessaire à la réussite d'Action publique 2022, indiquent Gérald Darmanin et Olivier Dussopt. Tirer les leçons des démarches menées par nos prédécesseurs doit nous permettre de progresser en ce sens. »

France Stratégie est même chargé de faire la « synthèse » des bilans et évaluations existants. Faire des listes de rapports pour ne pas agir ? Le gouvernement annonce d'ores et déjà qu'il ne reprendra pas toutes les propositions de CAP 22. Sage décision si son idée est de faire plus et de ne pas suivre le rapport sur les hausses d'impôts. Grave erreur si l'idée est de ne rien faire sur les dépenses.

Inquiétant, il semble que le gouvernement

s'agite pour baisser les aides aux entreprises. Des augmentations d'impôts en perspective. Toujours la vieille ficelle de la « baisse de la dépense fiscale ».

Le plus drôle ? Quand on demande au cabinet du ministre à Bercy quel est l'objectif en termes d'augmentation du nombre de contrats par rapport au statut dans la fonction publique, la réponse est toute nette : pas d'objectif chiffré mais un objectif de banalisation de l'embauche sous contrat. Banalisation ? Mais 53 % des agents des territoires sont déjà embauchés sous contrat. Alors ce sera plus ou moins ? Pas de réponse. Peut-être moins alors. Magie de la communication politique.

12.

L'illusoire réforme du Parlement

Les jeunes parlementaires s'étonnent. L'Assemblée nationale n'a donc aucun pouvoir ? Bienvenue dans le monde réel. Chez nous, le député joue la chambre d'enregistrement des projets gouvernementaux sans jamais rien contrôler sur le fond. Avec de fausses études d'impact et des « évaluations » formatées par Bercy. Et, globalement, un profond mépris de l'administration pour nos élus. La réduction du nombre de députés de 577 à 404 et des sénateurs de 348 à 244 est une bonne nouvelle, mais pour le reste ? Et si la réforme en cours visant à redonner du pouvoir au Parlement était (encore) une illusion ?

Les présidents de la République ont souvent annoncé des réformes constitutionnelles pour rendre du « pouvoir au Parlement ». Chaque fois, ces réformes ont servi à maintenir le Parlement dans une dépendance toujours plus grande par rapport à Bercy. Et les nouvelles réformes prévues ne font pas mieux.

Déjà en 2008, le gouvernement de Nicolas

Sarkozy avait limité le droit d'amendement. Et l'on reparle maintenant de le limiter encore plus pour « fluidifier le travail parlementaire ». Ce droit ne serait plus individuel, attaché à chaque parlementaire, mais collectif, en fonction de la taille du groupe parlementaire. L'inspiration est prétendument britannique ? En réalité c'est une invention totale, le droit d'amendement est aussi un droit individuel, garanti comme tel par l'article 44 de la Constitution. Et si les Britanniques limitent un peu le nombre d'amendements, ce n'est certainement pas en passant par le groupe politique mais bien par le président de commission, lequel choisit les amendements qui seront inscrits à l'ordre du jour, mais tout cela dans la concertation. On a bien compris que le nouveau groupe En Marche ! voulait faire de la politique autrement et verrouiller le droit d'amendement. Ils le font depuis leur arrivée au pouvoir. On n'avait jamais vu, avant eux, un groupe politique encadrer autant ses parlementaires et leur interdire de déposer un amendement quand le groupe n'a pas donné son aval. Les idées les plus loufoques circulent : par exemple une heure d'amendements par député et par session parlementaire[1].

1. Octobre à juin.

Une question de crédibilité

Sur le contrôle de la dépense publique par le Parlement, autre question sensible, rien n'avance. Des heures d'audition ont été passées depuis le début de la législature par le groupe de travail sur les moyens de contrôle et d'évaluation du Parlement. Des auditions qui ont permis de montrer qu'en 2016 le Parlement avait dépensé 153 000 euros pour évaluer nos 1 290 milliards de dépenses publiques. À côté, cette même Assemblée nationale décidait d'acheter l'hôtel de Broglie pour plus de 60 millions d'euros avec 25 à 40 millions d'euros de travaux à la clé. On comprend où sont leurs priorités.

En attendant, nos parlementaires vont quand même aller faire le tour de l'Europe pour examiner sur place comment les parlements des autres pays ont de vraies informations indépendantes, des capacités de chiffrage, des études d'impact sur les lois qui évaluent vraiment le coût pour les entreprises et l'effet sur l'emploi. Un vrai travail professionnel, en clair. Difficile de ne pas rire ensuite quand on lit la déconvenue de députés En Marche ! qui semblent découvrir que le Parlement français n'a aucun pouvoir – où étaient-ils ces dernières années ? – : « Nous constatons que les outils de la procédure budgétaire ne sont pas adaptés à ce rôle [d'évaluation], pourtant majeur. [...] il est clair que nous ne faisons pas le meilleur usage du temps politique et parlementaire en consacrant 70 jours – et nuits – d'affilée à travailler sur le budget pour 2018, et en ne réservant qu'un modeste après-midi au printemps 2019 pour en contrôler le résultat. »

Comment croire que nos députés vont contrôler les dépenses publiques quand ils ne sont pas capables de contrôler le demi-milliard de dépenses de l'Assemblée nationale ? Ils ne connaissent même pas les rémunérations des agents qui travaillent pour eux à l'Assemblée ! Ils ne savent pas que ces agents sont mieux payés qu'eux. Un technicien de la restauration en fin de carrière au Palais-Bourbon émarge à 6 723 euros net. Un conseiller en fin de carrière gagne 2 fois plus qu'un député avec presque 14 000 euros par mois (voir annexes). Ils ne sont pas rares ceux qui gagnent à l'Assemblée plus que le président et le Premier ministre[1].

Un assistant peut espérer être payé 3 fois plus que dans le privé, soit 4 153 euros à son entrée dans les murs. De la même façon, un gardien-surveillant toucherait au minimum 3 993 euros et un technicien de la restauration, comme un cuisinier, 6 723 euros. Michel Moreau, secrétaire général de l'Assemblée, le plus haut gradé, ne cache pas sa confortable rémunération : 17 300 euros net par mois.

Malheur à ceux qui voudraient en savoir plus

---

1. Annexes 7 et 8.

sur le sujet, fussent-ils députés. L'UDI Philippe Vigier, rapporteur de la mission « Pouvoirs publics », a ainsi cherché à connaître le montant des 40 salaires les plus élevés versés aux fonctionnaires et aux contractuels de l'Assemblée nationale, ainsi que les avantages associés (appartements de fonction, véhicules, etc.) en effectuant un « contrôle sur pièces et sur place ». Il demande cela le 17 janvier 2018. Une réponse très succincte lui est adressée le 22 février : c'est non. Il effectue plusieurs relances le 13 mars et le 17 avril, sans succès. Les questeurs semblent prendre fait et cause pour les agents et saisissent le président de l'Assemblée nationale, François de Rugy : les pouvoirs du rapporteur spécial n'empiètent-ils pas sur la mission de la commission d'apurement des comptes du Palais-Bourbon ? En aucune manière, pourtant, dans la mesure où la commission se charge de la « régularité des dépenses », tandis que le rapporteur spécial se charge de l'efficacité et de l'efficience de celles-ci, bref, porte un jugement en opportunité. En tout cas l'affaire arrive au plus mauvais moment car François de Rugy a reçu sur son bureau simultanément, le 20 avril, un rapport rédigé par les deux secrétaires généraux de l'Assemblée, Michel Moreau (Questure) et Christophe Pallez (Assemblée) : « Quelle administration parlementaire en 2022 ? » Et les conclusions sont explosives : externaliser certaines fonctions, assouplir et élargir le recours aux contractuels, supprimer un poste de secrétaire général sur deux, développer la mobilité externe et s'attaquer à une clarification des rémunérations. En particulier, le rapport rappelle que « les rémunérations moyennes des fonctionnaires de l'Assemblée nationale apparaissent élevées si on les compare aux rémunérations moyennes des corps équivalents de la fonction publique d'État ». Un euphémisme : la rémunération moyenne d'un chef de service d'administration centrale (132 800 euros brut par an) est « sensiblement plus faible que celle d'un conseiller hors classe à échelon terminal » au Palais-Bourbon (167 736 euros net par an, 192 578 euros brut par an). Soit un brut supérieur de 45 % en 2017.

« A l'autre bout de l'échelle », les écarts explosent : les secrétaires administratifs en 2015 sont payés dans la fonction publique d'État 34 400 euros brut par an en moyenne, contre 83 100 euros brut par an pour leurs homologues, les assistants de direction et de gestion (+ 139,48 %), et les adjoints administratifs et techniques comparés aux agents (26 945 euros brut par an contre 67 800 euros brut par an), + 152 %. Pour les 1 100 fonctionnaires du Palais-Bourbon, cela représente un salaire moyen de 6 451 euros net par mois et par agent ! Sans comparaison avec les salaires moyens du Bundestag (3 543 euros brut par mois) ou de la Chambre des communes britannique (3 949 euros brut par mois).

François de Rugy affirme vouloir prendre des mesures à marche forcée notamment sur les questions salariales, sauf que si ces rémunérations explosent, c'est avant tout à cause des « primes exceptionnelles », notamment pour séances de nuit, désormais forfaitaires. La communication des personnels est alors toute trouvée : « On frise le *burn-out.* » Une antienne qui se développe comme une traînée de poudre et reprise en chœur par les députés eux-mêmes.

Pour les syndicats de fonctionnaires de l'Assemblée nationale (FO et CGT), le ton monte ! Ils se sont réunis à près de 400 salle Colbert le 1er juin 2018 pour une réunion d'information et menacent désormais de bloquer le travail parlementaire.

De toute façon, comment les députés pourraient-ils être crédibles sur ces sujets alors qu'ils ont eux-mêmes fait barrage à la fiscalisation de leurs indemnités représentatives de frais de mandats, pourtant une promesse de campagne, et ce au nom d'une prétendue séparation des pouvoirs ?

Où est le renforcement du pouvoir de contrôle ?

Comment croire dès lors que ces mêmes parlementaires vont se saisir de leur devoir de contrôle ? Impossible que le gouvernement pense vraiment que le Parlement va devenir un réel contre-pouvoir. Sans moyens d'investigation ni de chiffrage, le Parlement – même en marche – va rester croupion.

Réunir le Congrès, cela fait sérieux, mais derrière, cela ne suit pas toujours. Rappelons-nous, Nicolas Sarkozy avait déjà fait adopter dans la réforme constitutionnelle de 2008 une semaine de contrôle par mois à l'Assemblée nationale. Cela devait changer la donne. Cette semaine de contrôle s'est bien tenue, oui, mais une seule fois !

Dans son avant-projet de réforme constitutionnelle, le gouvernement souhaite « renforcer » cette semaine d'évaluation et de contrôle avec possibilité d'y inscrire les projets et propositions de lois résultant de ces mêmes contrôle et évaluation. Cela paraît bien faiblard. Peut-être faut-il commencer par rendre cette semaine de travail effective ?

Et surtout permettre aux parlementaires d'avoir leurs propres moyens d'évaluation et de chiffrage. Les députés de la majorité demandent 5 millions de crédits pour cela mais personne, ni l'Assemblée ni le gouvernement, ne semble vouloir payer la note. Les députés vont pouvoir commander des évaluations indépendantes mais attention, seulement auprès de chercheurs estampillés « publics ». Il ne faudrait pas que ces analyses remettent trop en cause la gestion publique…

Quand on évoque la réforme constitutionnelle avec les députés En Marche ! et qu'on demande benoîtement à partir de quand le pouvoir du Parlement sera vraiment renforcé, on tombe de haut : ce sera plutôt pour la prochaine législature. De son côté, le Sénat n'a pas attendu la réforme et la commission des finances a prévu de dégager des fonds : 500 000 euros par an pour le contrôle de la dépense. Mais cela reste dérisoire.

Le fantôme économique, social et environnemental

Il faut dire que plutôt que de renforcer le pouvoir de contrôle du Parlement, le gouvernement est plus soucieux de mettre en place une « chambre de la participation citoyenne ». Une idée qui redevient régulièrement d'actualité (généralement lors des élections présidentielles). Cette fois, cette chambre prendrait la place du Conseil économique, social et environnemental, le CESE (dont la suppression est aussi une idée qui revient régulièrement sur le devant de la scène). Le gouvernement veut que cette nouvelle chambre soit composée de 155 membres au lieu des actuels 233, elle aura pour mission d'éclairer les pouvoirs publics sur les enjeux économiques, sociaux et environnementaux, en s'appuyant sur les expertises nécessaires. Cette chambre sera systématiquement saisie quand un projet de loi aura un objet économique, social ou environnemental.

Un projet flou qui vient remplir le vide que représente actuellement le travail du CESE. Cette chambre qui se présente comme la troisième assemblée de la République n'est plus que le fantôme transparent de son ancêtre. Ses rapports restent lettre morte et ses avis sont peu repris dans l'actualité.

Aujourd'hui, le CESE et ses antennes régionales sont intégralement financés sur fonds publics. Les antennes sont financées par les conseils régionaux pour 63 millions d'euros et le CESE par l'État, à hauteur de 38 millions d'euros par an. Si l'on s'intéresse au nombre de rapports produits par le CESE (25 rapports et avis en 2017), on s'aperçoit vite de leur coût complet pour les contribuables français : car des rapports à plus de 1,5 million d'euros pièce[1], on n'en voit pas tous les jours. À cela, il faut ajouter les conseils économiques et sociaux locaux, ces instances consultatives communales qui poussent aujourd'hui comme des champignons dans les territoires (Issy-les-Moulineaux, Pessac, Chartres, etc.). Les pratiques ne sont pas meilleures : ainsi celui de Boulogne-Billancourt créé en 2008 a défrayé la chronique récemment. En jeu, le coût des rapports commandités par les élus locaux sur la période 2010-2016 ressortant

1. Un peu plus de 1 million par rapport si on enlève les dépenses d'investissement, 750 000 euros si l'on ne retient que les dépenses de fonctionnement dédiées.

avec un coût moyen de 7 000 euros la page de rapport (27 rapports en 7 ans, pour un coût total de 1,06 million d'euros).

Les membres du CESE et les parlementaires ont beaucoup en commun, notamment sur leurs indemnités. Pour les conseillers classiques, comptez plus de 3 800 euros brut mensuels, le président, lui, émarge à 7 600 euros. De bien jolies sommes qui sont complétées et dépassées par l'indemnité représentative de frais. Lorsque l'indemnité de fonction se situe en moyenne autour de 1 860 euros, l'indemnité représentative s'élève, quant à elle, à 1 986[1] euros. Alors un compromis tacite a été mis en place pour de nombreux membres : ils reversent leurs indemnités aux partenaires sociaux (qui ne sont pas contre le fait de mettre du beurre public dans leurs épinards) tandis que les membres se rémunèrent via l'indemnité représentative.

La particularité ? Cette indemnité de frais n'en est pas vraiment une : elle constitue aussi (et surtout !) l'assiette de la cotisation retraite des membres du CESE, ce qui leur permet de gonfler leurs droits à la retraite (et d'un cumul des cotisations pour les plus chanceux).

De surcroît, l'absentéisme n'est pas effectivement régulé : rien de surprenant alors à ce que les bancs soient clairsemés tout au long de l'année.

1. Une partie de l'indemnité est corrélée au présentéisme des conseillers du CESE.

Officiellement, l'absentéisme n'est que de 30 % en séance plénière et 35 % en réunion de section (ce qui est déjà relativement important). Or, il est en réalité plus important : France Culture notait avoir compté « lors de la séance du 13 juillet dernier [...] 107 présents effectifs. Et pourtant, les rapports officiels recensent 122 votants ». Car oui, il est toujours possible d'émarger le registre des présences sans pour autant mettre les pieds dans l'hémicycle. Les conseillers du CESE profitent donc d'avantages importants, qui coûtent cher à l'État et semblent injustifiés.

Il y a ensuite l'administration, elle, qui est présente : il y a près de 140 fonctionnaires. Ces agents sont particulièrement bien traités avec 4 000 euros par mois en moyenne, à l'instar de leurs collègues de l'Assemblée nationale, mais avec une charge de travail beaucoup moins lourde. Avec 54 jours de congés annuels (25 congés payés, 11 RTT, 12 jours CESE et 6 jours entre Noël et la Saint-Sylvestre), « les agents du CESE se trouvent dans l'impossibilité matérielle d'atteindre le quota théorique de 1 607 heures » (sur la base de 207 jours annuels travaillés). Les agents d'accueil et les huissiers bénéficient par ailleurs de régimes spécifiques favorables : en pratique, la durée du travail est comprise entre 1 353 et 1 402 heures par an – auxquelles s'ajoutent 72 heures pour 6 samedis de présence.

Les nominations sont effectives 5 ans, renouvelables une fois, par des organisations représentatives (syndicats, associations, etc.) qui y envoient des représentants, ou à la discrétion de l'exécutif, qui désigne des personnes qualifiées.

Force est de constater que les membres issus du paritarisme représentent plus de la majorité : 130 conseillers, dont 69 issus des syndicats de salariés et 61 représentants patronaux ou indépendants. Le reste des sièges se partage entre les représentants associatifs (45) et les représentants environnementaux (18), ainsi que les 40 personnes qualifiées que le gouvernement choisit (10 dans le domaine social, 15 dans le domaine associatif et 15 dans le domaine de l'environnement). Leur avis est seulement consultatif, et c'est probablement pour cela que chaque nouvelle promotion recèle son lot de recalés du suffrage universel, de syndicalistes en fin de carrière, mais également les personnels politiques qu'il fallait récompenser ou punir (membres de cabinet, conseillers, amis). Coïncidence, on les trouve surtout dans le groupe des 40 préemptés par l'Élysée.

Et lorsqu'il s'agit d'assortir les réflexions de tous, « il s'en dégage un consensus mou », selon l'ancienne conseillère Sophie de Menthon, qui explique : « Quand vous êtes trente autour de la table, parfois, le choix d'un adjectif peut prendre une heure ! » On comprend alors pourquoi le gouvernement ne saisit le CESE que 5 à 6 fois par an : l'Assemblée en question n'est pas assez réactive, et ses rapports, trop tièdes. Pour alimenter son programme de travail, l'institution n'a d'autre choix que de « s'autosaisir », et il convient de le noter, ses choix d'études peuvent paraître assez éloignés des préoccupations majeures de la société – France Culture relevait par exemple deux avis récents, intitulés « La microfinance dans les outremers » et « Les filières lin et chanvre au cœur des enjeux des matériaux biosourcés émergents ».

Un état des lieux qui motive Emmanuel Macron à vouloir réduire de moitié les effectifs du CESE. Il espère le transformer en une « chambre du futur » qui éclairerait le gouvernement sur l'impact des projets de loi – c'est-à-dire lui donner peut-être la chance d'effectuer la mission qui lui vaut raison d'être. Il entend aussi donner de nouvelles compétences au conseil, qu'il espère transformer en « réceptacle des pétitions citoyennes ». Déjà en 2013, le CESE avait été saisi par les 700 000 signataires d'une pétition sur le mariage pour tous, mais il avait déclaré ne pas être en mesure d'émettre un avis sur une question ayant déjà fait l'objet d'une décision politique – manquant là, une fois de plus, l'opportunité de prouver son (in)utilité.

Bilan des courses : sauf si le Parlement se rebiffe, il n'aura pas une once de pouvoir en plus. Et la réforme du CESE est un trompe-l'œil. À moins que la réforme constitutionnelle du président Macron ne voie jamais le jour.

TROISIÈME PARTIE

CEUX QUI BLOQUENT

13.

L'école, grand corps malade

Les syndicats de l'Éducation nationale ? Un adversaire redoutable et particulièrement bien implanté. Même les enseignants s'y cassent les dents au moment de demander des mutations et des postes sur profil. C'est simple, les syndicats des personnels du ministère de l'Éducation nationale font la loi et préfèrent récompenser les enseignants qui jouent le jeu selon leurs règles. En Occitanie, un enseignant titulaire en physique-chimie et en mathématiques souhaite travailler dans le collège de son quartier où un poste de professeur en physique-chimie est libre. Problème, il n'est pas prioritaire et est muté à plusieurs heures de route de son domicile. L'enseignant choisit de refuser le poste. À la rentrée, il apprend que le collège à côté de chez lui n'a toujours pas trouvé de professeur. Il se propose au directeur qui le renvoie au rectorat, lequel lui refuse le poste. Le motif : il n'est pas prioritaire et pire, il a refusé un poste qui lui était proposé. D'ailleurs, le rectorat en profite pour lui rappeler que sa double certification n'est pas reconnue et qu'il ne peut donc pas exercer en tant que professeur de physique-chimie, sauf qu'il a déjà été placé (par ce même rectorat) en tant que remplaçant à des postes de professeur de mathématiques et de physique-chimie. L'enseignant demandera un rendez-vous au chef de division des personnels enseignants de l'académie : ce rendez-vous sera refusé. Même chose au niveau des syndicats, qui refusent de l'aider. Dans le collège, le poste de professeur de physique-chimie restera vacant pendant plusieurs mois.

Les syndicats de l'éducation n'aiment pas ceux qui souhaitent s'extirper des règles, qui sortent du lot ou pire, qui réfléchissent en termes d'efficacité et de performance. En 2013, un directeur d'établissement en REP, zone prioritaire, met un coup de pied dans la fourmilière. En un an, il réorganise tous les temps d'enseignement autour des besoins des élèves et non pas autour des agendas des enseignants, afin de supprimer le maximum d'heures de permanence. Il dénonce et met au jour des dysfonctionnements graves comme celui d'enseignants qui rentraient eux-mêmes dans le logiciel de l'établissement des heures de soutien non officielles en tant qu'heures supplémentaires ! Les parents sont contents mais pas l'intersyndicale, qui veut renvoyer ce directeur qui fait trop de vagues après des plaintes d'enseignants qui le trouvent trop « pointilleux » et « psychorigide », qui se plaignent de « harcèlement moral » mais cela, sans que personne ne porte plainte[1]. L'inspection générale de l'Éducation nationale est saisie par le recteur qui enquête sur le travail du directeur et publie un rapport en sa faveur : « Changer le chef d'établissement priverait le collège d'une précieuse compétence, alors qu'il commence à obtenir les premiers résultats de réorganisations inéluctables et qui doivent être menées à terme », conclut-elle. Mais non, entre-temps l'intersyndicale a été reçue au ministère et le rectorat décide de suspendre le directeur au bout de 18 mois après avoir communiqué sur son maintien. *L'Express* explique que « sonné, l'un des profs non grévistes se remémore la dernière scène du psychodrame et les paroles du recteur de l'académie : "Un nouveau principal va être nommé. [L'ancien directeur] est en attente d'affectation. Il n'y aura pas de débat." À la sortie, une enseignante agrippe le responsable pour lui parler. L'intéressé se défend : "Nous ne sommes que des fonctionnaires." » Que des fonctionnaires face au rouleau compresseur syndical.

Chacun sait que l'école de France est un « grand corps malade ». Les résultats des évaluations nationales et internationales égrènent année après année la sinistre musique du déclin de notre école : résultats en baisse, approfondissement de la fracture sociale au sein même

1. « Gérard Leca, le principal viré avec les félicitations », *L'Express*, 1er octobre 2013.

de l'école de la République. Et cela, malgré une part du PIB consacrée à l'éducation comparable (voire supérieure) à celle de nos voisins ou de nos principaux partenaires commerciaux et industriels. Alors certes, certains sont tentés d'enjoliver le paysage en rappelant qu'au lycée, les taux de succès au baccalauréat approchent désormais les 80 %, objectif visé par Jean-Pierre Chevènement il y a plus de 30 ans. Mais cela a été acquis au prix de la qualité des formations reçues par nos élèves, car 40 % des bacheliers échouent en fin de première année d'enseignement supérieur.

Conformément aux recettes éprouvées du passé, le gouvernement actuel proclame « la priorité au primaire », veut bosser sur la réforme de la pédagogie à la lumière des neurosciences et rétablir la « confiance » avec le corps enseignant mais sans jamais évoquer la toute-puissance des syndicats dans l'Éducation nationale : mutations des enseignants, recrutements, répartition des moyens, gestion des rectorats. Ces derniers ont la mainmise sur l'intégralité de notre système éducatif sans jamais avoir de comptes à rendre. Les résultats sont là.

Ces syndicats connaissent parfaitement les iniquités de l'éducation sur l'ensemble du territoire et la vacuité de l'égalité des chances à la française. Ils l'entretiennent même puisque, pour un élève du premier degré de l'académie la plus défavorisée de France métropolitaine (Créteil), le pays dépense 2 861 euros par an. Pour un Parisien, il en dépense 3 134. De la maternelle au CM2, cela fait un différentiel d'une année d'enseignement.

Nul doute que l'actuel ministre, Jean-Michel Blanquer, connaisse son sujet sur le bout des doigts. Il est considéré comme le meilleur ministre de la rue de Grenelle depuis bien longtemps. Il a même osé déboulonner les caciques du Conseil supérieur des programmes. Aucun doute non plus sur la volonté du gouvernement d'améliorer les résultats de l'école. Mais qui pense sérieusement qu'il peut y parvenir sans ouvrir la « boîte noire » de son ministère, sans remodeler son organisation (celle des enseignements, celle des services des enseignants, celle des responsabilités des unités éducatives, celle des services déconcentrés), son fonctionnement institutionnel, son système de formation initiale des professeurs, par exemple ?

Mainmise de gestion

Les syndicats de l'Éducation nationale. Qui sont-ils ? Quel rôle jouent-ils dans le système éducatif ? Comment ont-ils, depuis des décennies, bloqué le système sans que le pouvoir politique, à de rares et notables exceptions près, s'y oppose vraiment ? Les élections professionnelles de la fonction publique, organisées tous les 4 ans (prochain scrutin en décembre 2018), apportent un éclairage sans ambiguïté sur leur puissance.

Chez le million d'agents inscrits sur les listes électorales, le taux de participation varie de 41 % à près de 80 % selon les corps. Les résultats des élections de 2014 confirment, malgré un tassement sensible, la prééminence du syndicat FSU (Fédération syndicale unifiée) ancré à gauche, voire à l'extrême gauche. Ce dernier organise régulièrement des colloques et autres stages sur le système scolaire : en avril 2018 « De l'école privée à la marchandisation de l'école », rien que ça. Particularité de ces colloques, ils sont animés par des enseignants qui n'enseignent plus et qui n'ont, parfois, pas vu d'élèves depuis plusieurs années ! L'UNSA, FO, la CFDT, la CGT, le SNALC (seul syndicat traditionnellement classé à droite), les syndicats siègent dans les 38 instances ministérielles et les 33 instances académiques de 30 académies. Ils bénéficient pour leur service de la possibilité d'octroyer 1 990 temps pleins de décharges syndicales, soit un peu plus de 1,4 million d'heures par an, pour un coût pour l'Éducation nationale de 82 millions d'euros de rémunérations versées. La lutte se fait sur tous les terrains, c'est pour cela probablement qu'on trouve des cas d'enseignants titulaires déchargés à 100 % pour animer leurs propres comptes Twitter et aider les enseignants syndiqués à ouvrir un compte Twitter. Pour mieux diffuser la bonne pensée ?

La consultation par le ministère ou par ses services déconcentrés (rectorats, directions départementales) de ces instances consultatives est obligatoire et correspond à un calendrier immuable. Chaque instance est consultée en moyenne 3 fois par an (en fait beaucoup plus souvent pour les instances clés du système que sont les comités techniques académiques et départementaux et les principales commissions administratives paritaires). Ces sessions sont précédées de nombreuses réunions de « groupes de travail ». Une part non négligeable du travail de l'administration de l'Éducation nationale est donc consacrée à la préparation, la tenue, l'exploitation des débats de ces instances. La densité de cette concertation permanente conduit de fait à une cogestion du ministère et de ses services déconcentrés.

Les instances de concertation et de consultation du système éducatif forment objectivement un corset de règles, de barèmes, de contraintes calendaires qui fait ressembler les recteurs d'académie, leurs directeurs départementaux, voire le ministre, à des Gulliver immobilisés par des Lilliputiens dans une véritable toile qui obère gravement la capacité des dirigeants à mettre en œuvre des pratiques innovantes susceptibles d'améliorer les performances de notre école, c'est-à-dire les résultats de nos élèves. Ainsi, si un recteur décidait d'affecter les professeurs d'école et de collège les plus chevronnés de l'académie dans les zones rurales déshéritées et les REP+, il lui faudrait modifier les « règles du mouvement », c'est-à-dire les barèmes qui permettent l'affectation des professeurs sur leurs postes et probablement aussi disposer d'une part de la masse salariale pour augmenter les indemnités et les frais de déplacement des personnels affectés dans ces zones.

Ces décisions sont évidemment soumises à la consultation préalable du comité technique académique qui a « compétence sur les questions relatives à l'organisation et au fonctionnement des établissements et des services » et à l'avis (après vote) des commissions administratives paritaires académiques et départementales concernées.

Ce projet qui heurte directement la vulgate syndicale (mutations dans les postes les plus recherchés des centres-villes au barème en fonction de l'ancienneté et refus absolu de toute rémunération prenant en compte l'engagement professionnel et le mérite) représente pour les syndicats un véritable *casus belli.* Tous les moyens de blocage (boycotts, manifestations, interventions auprès du cabinet du ministre, etc.) seront mis en œuvre jusqu'à ce que – de guerre lasse, ou bien à la suite d'un coup de fil direct du cabinet du ministre – ce projet soit reporté puis abandonné.

Supposons ensuite que le ministre de l'Éducation considère (à raison) que l'application du protocole « Parcours professionnels, carrières, rémunérations » dans l'Éducation nationale est une absurdité. Ce protocole, qui date de fin 2016, a donné lieu à une cascade de décrets pris *in extremis* avant la fin de la mandature précédente. Il interdit *de facto* toute reconnaissance du mérite et de l'engagement professionnel pour les personnels enseignants. Le supprimer ou l'aménager permettrait de donner aux responsables de l'action éducatrice que sont les recteurs, les directeurs départementaux et les chefs d'établissement les moyens pour améliorer l'organisation des établissements scolaires.

Problème, une telle entreprise mettrait probablement le feu aux poudres chez les syndicats, très attachés à l'égalité de traitement absolu (ce qui favorise les mauvais enseignants par rapport aux bons et démoralise ces derniers) et à l'inefficacité des inspections (qui de toute manière n'influencent pas la rémunération de l'enseignant). Dès que le ministère commence à travailler sur le statut des enseignants, ces syndicats organisent immédiatement le blocage du système à tous les niveaux.

Il y a pléthore de réformes nécessaires qui causent un blocage syndical quasi systématique : l'annualisation du temps de travail des enseignants, l'augmentation de ce temps de travail, le renforcement des compétences des directeurs d'établissement scolaire, l'assouplissement de la gestion RH (et ce, même pour des postes très exposés dans des établissements difficiles), la modification des programmes, l'autonomie des établissements, etc.

Tout le monde le sait : le système éducatif français, en son état, est devenu ingouvernable et pourtant, à part quelques réformettes qui modifient principalement le nombre d'heures de français, de mathématiques et les rythmes scolaires, aucun gouvernement n'a le courage de lancer une vraie refonte. Le chantier est, il est vrai, titanesque. Alors on demande au ministre des réformes dont l'avenir est plus qu'incertain, car un autre ministre viendra les changer un ou deux ans après.

Et les élèves ? Et les performances de notre école ? Eh bien, ces questions sont laissées aux « acteurs de terrain », ces professeurs pas encore démotivés et ces chefs d'établissement dont le dévouement et l'engagement sauvent (encore) le système.

Mainmise idéologique

À ceux qui estimeraient que le terme « idéologique » est excessif, voici les motions préparatoires (en ligne) du prochain congrès de la FSU, syndicat majoritaire dans l'Éducation. Entre autres morceaux de bravoure, on lit que ce syndicat souhaite « détruire l'exploitation capitaliste des droits sociaux » mais aussi « retrouver un État social » et « lutter contre les idées d'extrême droite », etc.

Certes, la FSU, si elle est clairement majoritaire, n'est pas hégémonique dans le système éducatif. Le syndicat des enseignants UNSA et ses satellites dans différents corps (notamment les personnels de direction et les corps d'inspection) défendent traditionnellement des positions plus « réformistes » et n'hésitent pas à signer des accords avec le ministre. Même positionnement pour le SGEN-CFDT.

Ces syndicats historiques sont, ensuite, concurrencés par SUD Éducation, créé en 1995 et qui milite contre le principe de « hiérarchie » dans l'enseignement et rappelle à ses adhérents enseignants qu'ils peuvent refuser d'être inspectés « ce moment [pouvant être] vécu par certain-e-s comme un moment de torture mentale et morale[1] ».

Quels impacts pour ces positionnements très tranchés ? En 1989, est créé le Conseil supérieur de l'Éducation, sorte de « parlement » du système qui est obligatoirement consulté par le ministre sur « toute question d'intérêt national concernant l'enseignement ou l'éducation ». Il « donne un avis sur les objectifs et le fonctionnement du service public d'éducation ». Les syndicats de l'Éducation nationale y disposent d'une majorité

1. « L'inspection : on peut dire non ! », site Web de SUD Éducation, consulté en mai 2018.

de fait. On y compte 48 représentants du personnel sur 97 membres, ils viennent des organisations syndicales nationales, des syndicats lycéens et étudiants et des associations péri-éducatives, aussi traditionnellement ancrées à gauche. Tous apportent un appui sans faille aux motions portées par les syndicats.

Devant ce qui s'apparente à une prise de contrôle totale de cette instance, cela fait longtemps que les représentants des collectivités territoriales ne siègent plus. Ce sont pourtant eux qui gèrent les établissements scolaires au quotidien selon une division du travail ubuesque où les communes gèrent les bâtiments des écoles et des maternelles, les départements ceux des collèges et les régions ceux des lycées – les murs, les fournitures et le personnel technique. Les enseignants, les programmes, l'inspection, tout le reste est (mal) géré par l'État et ses services déconcentrés.

Le ministre ne peut espérer obtenir un vote favorable du Conseil supérieur de l'Éducation que s'il passe sous les fourches syndicales, y compris dans le domaine capital des programmes et des cursus d'enseignement. Cela signifie en l'espèce que les programmes, les contenus, les pédagogies des savoirs enseignés dans nos écoles sont soumis au bon vouloir de syndicats dont les projets affichés sont très politiques bien qu'ils ne reposent sur aucun mandat populaire, ni sur aucun contrôle démocratique.

Autre point sensible, celui des 32 écoles supérieures du professorat et de l'éducation (ESPE), créées en 2013 par Vincent Peillon, alors ministre. Elles succèdent aux IUFM, fort décriés, et sont des centres de formation du corps enseignant. Elles préparent au master des métiers de l'enseignement et de la formation. Or, si l'on observe la composition de leur conseil d'administration, on remarque sans peine que les syndicats y détiennent statutairement une écrasante majorité, ce qui leur permet de nommer de bons directeurs d'école, et un bon président du conseil de l'ESPE, le tout selon leurs critères. Un tel système de gouvernance n'est même plus endogène, il est consanguin.

Comme le conseil définit les contenus, l'organisation, le fonctionnement des formations, on imagine ce que celles-ci peuvent être en matière de neutralité, d'impartialité et même de qualité scientifique. Dire que nos jeunes professeurs sont formatés serait excessif et injuste, car nombre d'entre eux n'ont pas abdiqué leur esprit critique, mais le moins que l'on puisse dire est que les syndicats enseignants exercent sur la formation des enseignants une influence et une pression de conformité indues, auxquelles l'exécutif devrait poser de claires limites.

Cela presse, mais la lucidité commande d'admettre que cela ne sera pas réalisé durant la présente mandature. Sophie Coignard[1] expliquait qu'il y avait autour du système éducatif une forme de « compromis historique ».

Ce compromis a longtemps consisté à abandonner à la gauche et aux syndicats qui s'en réclament le champ éducatif comme une sorte de domaine réservé. Cela fonctionnait alors comme une machine à créer des emplois publics selon le mot d'ordre facilement défendable de « plus de moyens pour enseigner ». Cela a conduit à une massification et à une démocratisation de l'accès au savoir, et à une amélioration des taux d'encadrement de nos classes – notons cependant qu'à partir de la fin des années 1980, cela n'a plus produit de résultats probants sur le plan qualitatif, que l'intégration n'est plus assurée et que l'ascenseur social s'est bloqué.

Il aura fallu que la dégradation des résultats de notre école devienne visible, notamment à l'occasion de la publication des résultats des évaluations nationales et internationales (PISA : en maths et sciences, la France est 26e sur 70 pays...), et donc fasse scandale, pour que les politiques commencent à se réintéresser à cette question.

La décennie 2002-2012 signe – à travers des hauts et des bas – la fin du compromis historique avec une série de réformes précises, nécessaires (mais trop restreintes) : on y trouve la fin des grèves « gratuites » pour les grévistes, la fin

1. *Le Pacte immoral*, Albin Michel, 2011.

des statuts de 1951 pour les professeurs, le socle commun pour l'enseignement obligatoire.

Des réformettes. Personne ne propose de refonte globale ou une réorganisation de l'Éducation nationale. Le gouvernement qui s'y collera devra affronter des grèves monstres (et aucun gouvernement n'aime avoir les enseignants dans la rue) et risque d'y jouer sa réélection.

Le candidat Macron allait un peu plus loin sur les questions d'éducation que ses concurrents. Il parlait de donner plus d'autonomie aux équipes éducatives, de les suivre et de les évaluer (mot tabou) plus régulièrement. De réformer la formation des enseignants dans cette optique, de donner plus d'autonomie aux établissements scolaires et de mettre en place une instance d'évaluation indépendante des établissements scolaires. Un raz de marée qui n'a pas (encore) eu lieu. Au bout d'un an et demi au pouvoir, la nouvelle majorité a uniquement fait le tri parmi les absurdes projets de la précédente présidence, tout en préparant quelques changements pour le lycée.

Pas question (pour l'instant) de remettre en question le pouvoir des syndicats de l'Éducation nationale. Plus question de proposer plus d'autonomie aux établissements, ni même de permettre l'expérimentation de nouvelles écoles. Au contraire, le gouvernement a durci la possibilité de créer de nouvelles écoles hors contrat en demandant par exemple que les directeurs de ces écoles aient derrière eux 5 ans d'enseignement. Une mesure conforme aux demandes des syndicats.

Nul ne parle de la suppression de la règle du 80/20 qui veut que 80 % des élèves soient scolarisés dans le public. Ni du forfait par élève. Ni de la régionalisation de la gestion de l'Éducation…

La « révolution » ? Elle attendra.

14.

Le statut, c'est (un peu) la fête

Les chiffres de l'absentéisme des agents de la ville d'Amiens battaient tous les records en 2013. 39 jours en moyenne par an pour les agents mais 49 jours pour ceux bénéficiant du statut de la fonction publique à vie. Ces chiffres sont exorbitants. Mais, à la mairie, qui a changé de couleur politique entre-temps et fait des efforts louables pour améliorer la situation, cela ne plaît pas que ces données soient largement publiées. La maire s'en plaint amèrement et explique avoir mené des actions pour faire baisser l'absentéisme : « développement de la prévention », « adaptation du régime indemnitaire ». Elle demande de regarder les évolutions de l'absentéisme dans sa ville en considérant que celui-ci aurait baissé de 20 % depuis 2015. On veut bien la croire sur parole. Mais alors pourquoi, quand on demande de pouvoir consulter ces bons chiffres dans les bilans sociaux de 2015 et 2017, n'y a-t-il aucune réponse de la ville d'Amiens ? Mystère.

Mais l'absentéisme est loin d'être le seul sujet

tabou quand on parle de statut public. À Marseille, une ville qui s'était déjà illustrée avec le système du « fini-parti » des éboueurs et par un nombre de jours d'absence par agent proche de celui d'Amiens avec 36,8 jours par an, un système de faux pointage pour allonger le temps de travail apparent des agents du SAMU social fait l'objet d'une enquête du Parquet national financier. D'autres services de la ville pourraient être concernés. Et ce, alors que la durée de travail de la ville n'est, déjà, que de 1 567 heures pour ses 12 000 agents. Cela représente une perte de 40 heures par an et par agent pour un gaspillage de 10 millions d'euros par an, d'heures payées mais non travaillées.

Marseille, la confiance règne

L'enquête, ouverte par le parquet de Marseille pour « détournement de fonds publics, recel de détournement, faux et usage de faux » pourrait concerner petit à petit à d'autres services de la ville. Une perquisition a eu lieu à la direction générale des ressources humaines de la ville. Ce système de faux pointage permettant de gonfler leur temps de travail apparent ne serait pas l'apanage du SAMU social et pourrait bien être une pratique généralisée. Agents des cimetières, écoles, parcs, musées pourraient être aussi concernés.

L'organisation présumée illicite du planning permettait aux employés de ne travailler qu'une semaine sur deux, soit 10 à 12 jours par mois. Depuis 2010, 5 millions d'euros d'argent public auraient ainsi échappé à la collectivité. Les salariés du SAMU expliquent que « l'administration au plus haut niveau savait pertinemment comment ce service fonctionnait. Aujourd'hui, ils veulent se protéger en mettant la faute sur nous. Peut-être que d'autres services municipaux ne sont pas dans les clous ? » et que « les plannings étaient affichés au mur, y compris quand le maire, le préfet ou le DRH de la ville venaient visiter les locaux », selon un ancien délégué SDU 13-FSU.

Le maire de la ville, Jean-Claude Gaudin, explique de son côté en conseil municipal : « Nous avions totalement confiance dans son directeur. Il cachait cette organisation du travail à sa hiérarchie, aux élus, au maire. » Un peu court quand on sait le degré de cogestion de la ville avec FO. En ce début 2018, aux vœux du maire, le secrétaire général des territoriaux FO remerciait encore le maire pour le « climat de confiance » quand le maire louait « une relation durable, authentique et constructive ».

Le sociologue Raphaël Liogier, professeur à Sciences po Aix, explique : « Le modèle phocéen est un système familial, quasi tribal, dans lequel un patriarche peut compter sur la complaisance syndicale en échange de quelques avantages. [...] les politiques et FO ont une énorme responsabilité dans l'échec du développement de Marseille. Les premiers parce qu'ils confondent concertation et troc ; les seconds parce que, sous couvert de principes peut-être louables du point de vue personnel (défendre la veuve et l'orphelin), les plus compétents ne sont pas forcément à leur place. Ce système est tellement ancré que ses acteurs n'ont même pas conscience d'être hors la loi. » L'enquête pour faux, usage de faux, recel et détournements de fonds publics se poursuit.

L'ancien directeur général des hôpitaux de Marseille qui avait pour mission, de 2008 à 2012, de réduire le déficit des établissements hospitaliers de la cité phocéenne, a fait les frais du pouvoir de FO sur le territoire. Le bras de fer est allé même jusqu'à cette une de *La Provence* de février 2011 au titre provocateur, signé du délégué FO Marc Katramados : « Le vrai patron des hôpitaux de Marseille, c'est moi ».

Sous la direction de Jean-Paul Segade donc, le déficit a été réduit de 68 à 12 millions d'euros, la capacité de financement est redevenue positive et le taux d'absentéisme a été réduit. Il faut dire que, chaque jour, ce sont 1 100 personnes qui manquent à l'appel dans les hôpitaux marseillais, sur un effectif de 12 000 agents, selon la direction des ressources humaines de l'hôpital. Avec presque 30 jours d'arrêt par agent, selon les données du site Hospi Diag, c'est même le pire CHU en la matière. À Marseille, on constate que sur le même territoire à la fois la ville et l'hôpital battent des records d'absentéisme. Peut-on parler d'une fâcheuse habitude ?

Régimes spéciaux pour tous

Du côté de la ville d'Échirolles, en Isère, ce sont des primes illégales qui ont été mises en place pour les agents : elles sont huit et ne reposent sur aucune base légale. Ainsi, des primes de 100 euros pour les agents qui aidaient les élus le soir ou le week-end (13 personnes en 2005 contre 42 personnes en 2016), des primes de 150 euros pour l'accueil du public dans les espaces municipaux, une prime pour les agents qui aidaient à l'organisation d'un « banquet des anciens », etc. La Cour des comptes, qui a (encore une fois) épinglé le problème, précise aussi que « les agents titulaires du grade d'administrateur (le directeur général des services et le directeur de la culture, en particulier) perçoivent des primes qui n'ont pas été approuvées par délibération ». Les primes représentent 21 % de la masse salariale de la ville, contre une moyenne des communes à 14,6 %. En parallèle, en 2015, la taxe d'habitation a augmenté de 6,1 % dans la ville.

À Paris, un plafond du nombre de collaborateurs de cabinet des maires a été voté à 135 en 2014, mais la chambre régionale des comptes dénonce 165 collaborateurs de cabinet au

31 décembre 2015 et 229 collaborateurs dans les mairies d'arrondissement à fin 2015, au lieu des 81 autorisés. Et le tout, pour un montant de rémunérations brut de « presque 21 millions d'euros à fin 2015 ». « Le droit commun autorise 45 collaborateurs de cabinet pour elle et ses adjoints et la CRC en a trouvé 236 ! Soit 191 de plus ! »

Et il n'y a pas que sur le sujet des collaborateurs de cabinet que la mairie de Paris est généreuse. Les congés des quelque 55 000 agents de la ville sont maintenant réduits à environ 55 jours par an. Paris a supprimé la « journée des mamans » et les 32 jours offerts aux agents de la ville partant à la retraite. Quant au système de récupération très généreux qui permet de récupérer 8 jours de repos à la suite d'heures supplémentaires, il sera désormais plus encadré « en fonction des nécessités de service » mais pas (surtout pas !) supprimé.

Reste donc aux agents : environ 25 jours de congés, auxquels s'ajoutent 4 « jours du maire » et 4 jours de congés « neige ». En plus de ces 33 jours, 22 jours de RTT disponibles quand, de l'autre côté du périphérique, à Montreuil, les agents se contentent de 35 jours de congés par an (mais les agents titulaires sur statut y sont absents plus de 45 jours par an). La cerise sur le gâteau : à Paris, les données d'absentéisme fournies par la ville sont – étrangement ? – inexploitables. Un rapport de l'inspection de la Ville de Paris décomptait, en 2008, 74 jours non travaillés par an et par agent pour raison de congés, d'absentéisme ou de grève.

Dans le Morbihan, cette fois, c'est un médecin chef de service à l'hôpital de Quimperlé qui a fait les gros titres en 2017. Nommé chef de service en 1984, le médecin ne fait pas l'unanimité. Des rapports pointent « sa manière de servir », « une incompétence avérée », « des problèmes de comportement avec le personnel et les patients, incompatibles avec ses fonctions ». Fin 2016, ce médecin percevait 7 400 euros brut par mois. Il a pris sa retraite au 1er janvier 2017. Cela faisait 30 ans qu'il avait été reconnu « incompétent » et suspendu de ses activités. Mais invirable car titulaire, il continuait à émarger sur la liste des effectifs. Voici, *in extenso*, la partie pertinente du rapport de la chambre régionale des comptes de Bretagne. Un exemple ahurissant de l'impuissance face au statut des agents publics. « Cette situation a eu un coût salarial annuel de 130 000 euros et a généré une perte de recettes annuelles estimée à 980 000 euros, soit un coût total pour l'établissement de 5,5 millions d'euros entre 2012 et 2016. » En 2004, l'agence régionale de l'hospitalisation a même consacré une enveloppe annuelle de 124 000 euros pour compenser le surcoût lié à ce praticien qui n'exerce pas mais continue d'être grassement rémunéré par le contribuable.

Ce qui nous intéresse ici, c'est l'explication. Une fraude ? Si c'était cela, ça n'aurait que bien peu d'intérêt. Mais non, ce cas a été connu pendant 30 ans par toutes les instances imaginables : « rapports » du comité médical d'établissement, enquête du médecin inspecteur de santé publique, enquête de la Direction départementale des affaires sanitaires et sociales, enquête du ministère de la Santé, enquête de la Direction générale de l'offre de soins, saisine du préfet.

À quoi ont servi toutes ces instances ? À rien. Car aucune n'a abouti, malgré la suspension d'activité infligée au médecin par le directeur de l'hôpital. Ahurissant, le centre national de gestion a refusé d'enclencher une procédure de suppression de poste, qui pourrait être jugée comme une « sanction déguisée ou un détournement de procédure ».

Ce n'est pas une fraude, et ce n'est probablement pas non plus un réflexe de protection corporatiste, comme le laisse entendre (dans un autre document) la chambre régionale des comptes. D'abord parce que le centre national de gestion, instance responsable, n'aurait pas permis, s'il avait pu l'empêcher, un dysfonctionnement aussi grave et pénalisant, et aussi parce qu'on a vu que les blocages sont aussi venus d'ailleurs.

Parce qu'il n'y a pas faute grave et parce qu'il n'est pas atteint d'une « inaptitude psychopathologique », impossible de le virer. Il n'a que le malheur d'être incompétent de façon « avérée », et d'avoir un comportement « incompatible avec sa fonction ». Ce qui ne justifie pas une sanction chez les agents titulaires où on ne reconnaît quasiment jamais l'insuffisance professionnelle – même lorsqu'il s'agit d'un médecin, et qui plus est d'un chef de service. De toute façon, un médecin fonctionnaire, à la différence d'un médecin libéral, n'est jamais responsable : c'est son employeur, l'État, qui l'est. D'ailleurs, il n'est pas question de sanctionner l'incompétence ou l'inaptitude, le problème n'est pas là. Il devrait être simplement question d'en tirer les conséquences, à savoir un licenciement dans l'intérêt du service public – pas n'importe lequel, celui de la santé.

Mais comme la direction de l'hôpital, heureusement, a le sens de ses responsabilités, elle prend la seule solution possible : la suspension de toute activité, cependant qu'elle continue à payer le praticien, et à le laisser gravir tous les échelons de l'ancienneté.

Ce qui se passe dans nos hôpitaux se passe aussi dans nos mairies. Un ancien directeur général des services de la mairie de Sainte-Savine, près de Troyes, a été remercié mais a continué à toucher son salaire pendant plus de 10 ans. Il a occupé son poste de 2001 à 2006, a été débarqué à la fin de sa mission. Mais la Ville le paie encore aujourd'hui. L'ancien responsable perçoit quelque 4 000 euros par mois. L'ex-DGS a travaillé à la mairie de Sainte-Savine dans le cadre d'un détachement pour 5 ans, et auparavant à Vitry-le-François. En 2006, sa mission de

DGS de Sainte-Savine prend fin. L'ancien directeur des services est dès lors invité à rejoindre la mairie où il avait travaillé avant celle de Vitry-le-François dans la Marne. Mais il ne peut réintégrer cette mairie. La loi de 1984 relative à la fonction publique territoriale contraint la mairie de Sainte-Savine à continuer de verser 75 % de son salaire à son ancien employé jusqu'à ce qu'il trouve un emploi. C'est *de facto* un « fonctionnaire momentanément privé d'emploi ». Aujourd'hui, 150 agents territoriaux en catégorie A, anciens DGS pour la plupart, dont les missions ont pris fin pour des raisons souvent politiques, seraient concernés par cette situation dans l'Hexagone. Les 25 % restants de leurs rémunérations sont complétés par les centres de gestion.

Et nous, les contribuables, sommes toujours les dindons de la farce.

15.

SNCF, tout ça pour ça

Une grève perlée de 36 jours sur 3 mois, la France bloquée, 790 millions d'euros jetés par les fenêtres ! L'enjeu ? La promesse de voir disparaître à partir de 2020 le statut de cheminot pour les nouveaux embauchés. La marque d'un gouvernement qui ne lâche rien ? Et si la réforme de la SNCF faisait *pschiiit* ? C'est (plus que) possible car le projet du gouvernement, largement amendé lors de son passage au Parlement, propose bel et bien de transposer le statut des cheminots et ses avantages (on parle de « sac à dos social ») en cas de transfert des cheminots SNCF vers d'autres entreprises ferroviaires. Un beau cadeau empoisonné pour les futurs concurrents. Ou plus vraisemblablement un moyen de tuer la réforme dans l'œuf.

Les potentiels concurrents de la SNCF le disent bien : si les dysfonctionnements et les surcoûts sont pérennisés (le temps de travail faible : 1 568 heures au lieu de 1 607 heures, les retraites plus chères, etc.), ils ne vont pas se presser au portillon. L'ouverture à la concurrence sera donc mort-née.

C'est d'ailleurs tout l'intérêt des syndicats actuellement : faire reprendre la dette et ériger des barrières à l'entrée, les plus importantes possible, pour éviter que des concurrents du rail français ne surgissent. Pour cela, le jeu est assez bien réparti entre les syndicats. Du côté des *good guys* : l'UNSA et la CFDT qui essaient de négocier la quasi-transposition du statut dans la convention collective. Du côté des *bad guys* : la CGT et SUD qui refusent toute réforme et essaient de faire reprendre le maximum de dette à l'État. Cela a bien fonctionné car, avant même d'avoir assuré une vraie et durable réforme du statut des cheminots, Matignon avait déjà accepté de reprendre 35 milliards de dette de la SNCF (5 fois le budget de la Justice) sur les 55 milliards de dette accumulée par l'entreprise publique. Pour résumer, l'État a accepté de faire rembourser la dette de la SNCF par le contribuable français, sans s'assurer d'une amélioration du service en contrepartie.

Peut-être déjà trop tard

Il reste que la SNCF sera bientôt seule en situation de monopole d'État. Aussi bien l'Allemagne que la Suède, le Royaume-Uni, l'Italie, ou les Pays-Bas ont ouvert leur marché à la concurrence, et depuis bien longtemps. Pas facile pour autant de lâcher prise : toutefois, on note que les syndicats du ferroviaire ne sont pas allés manifester lorsque les filiales de la SNCF se sont exportées dans l'environnement concurrentiel (en Allemagne et au Royaume-Uni) qu'ils abhorrent tant en France. Le groupe SNCF est présent dans 122 pays et là-bas, elle n'hésite pas à embaucher sous contrat de droit privé. C'est le cas avec Keolis dans le transport de voyageurs, présent au Royaume-Uni, en Allemagne et aux États-Unis, ou Captrain dans le fret. C'est aussi le cas en France avec VFLI ou encore de sa filiale SFERIS sur les travaux d'infrastructures. Hypocrisie ?

Problème : à force de repousser l'échéance et de céder aux demandes des syndicats, il est peut-être déjà trop tard pour sauver la SNCF qui pourrait bien se retrouver dans le même cas que La Poste. Une situation peu enviable, le marché du courrier ayant quasiment disparu (encore plus de 5 % de baisse du volume de l'activité courrier en 2016). Pour ne pas afficher des pertes trop importantes, Colissimo, auparavant rattaché à GeoPost, a été raccroché à l'activité courrier.

Pour sauver la SNCF (et ses emplois), il faut que la société s'ouvre à la concurrence avec un conseil d'administration digne de ce nom choisissant et contrôlant des dirigeants responsables des résultats. Des dirigeants qui seraient capables de prendre des décisions difficiles mais nécessaires. Par exemple, dans toute entreprise en danger, la première mesure financière est de céder les actifs non stratégiques. Et ceux de la SNCF sont nombreux : le dernier rapport de l'INSEE sur les entreprises majoritairement détenues par l'État indique que la SNCF détient 529 filiales. Dont ICF, filiale de logement social qui détient 90 000 logements HLM et 12 000 logements à loyers libres, dont 40 % sont loués à des salariés et des retraités SNCF (une cession partielle vient d'intervenir). La SNCF pourrait également ouvrir le capital de ses filiales les plus performantes, Keolis ou Geodis, ou encore valoriser les 8,5 millions de mètres carrés de foncier inutilisés. On conviendra que l'objectif fixé est moins de faire survivre l'entité SNCF que de disposer en France d'un champion national du ferroviaire, qui se battrait à armes égales à tout point de vue avec ses futurs concurrents. La fin du statut, la transformation en SA de l'entreprise et la reprise par l'État d'une part de la dette sont incontournables dans un premier temps. Ensuite, il faudra prévoir, par étapes, l'ouverture du capital de l'entreprise.

À court terme, les gains de productivité espérés par le gouvernement sont de 3 milliards d'euros par an, soit 700 millions de plus que la trajectoire actuelle prévue par le contrat de performance entre l'État et SNCF Mobilités.

Reste-t-il un pilote dans le train ?

La SNCF, les syndicats y sont bien installés et ils comptent y rester. Il faut dire qu'il faut vouloir diriger cette entreprise ! Louis Gallois y est resté 10 ans et Guillaume Pepy vient d'entamer sa 11e année. Des patrons fidèles, vous pensez ? Disons que pour ce poste, les candidats ne se sont pas pressés et le gouvernement se satisfait pleinement d'y maintenir un dirigeant dévoué, quand bien même les résultats resteraient catastrophiques d'année en année. Rien de surprenant donc à l'annonce par Guillaume Pepy, 3 ans à l'avance, de sa décision de quitter le navire en 2020. Les dirigeants peuvent légitimement plaider qu'ils n'ont fait que suivre les ordres de leur conseil d'administration (à peu de chose près, le Conseil des ministres). Certes.

Toutefois, un P-DG peut-il accepter docilement des consignes contraires aux intérêts de son entreprise et de ses salariés ? C'était notamment le cas lors de l'accord pour la construction de nouvelles lignes TGV (Paris-Bordeaux) alors même que la SNCF les savait durablement très déficitaires. Problème, le gouvernement était pour. Alors cela a été oui. Un P-DG doit-il se taire dans ces cas-là ? Que devait-il faire lorsqu'en 2016 l'État décidait d'interrompre brutalement les négociations direction-syndicats, indispensables pour tenter de sauver la SNCF ? Le sujet de discorde était (comme d'habitude) la réforme de la SNCF, la future ouverture à la concurrence, mais surtout la négociation de la convention de branche et de la mise à niveau des ressources humaines de l'entreprise.

Alors, la grève est lancée pendant plusieurs semaines du printemps 2016. Finalement, une convention collective est adoptée le 31 mai 2016 et un accord d'entreprise le 7 juin. Si cela a permis de réduire l'écart de productivité entre la SNCF et les autres opérateurs ferroviaires de 20 % à 9 % (sous réserve de nombreux accords locaux plus favorables), cela a été fait au prix de nombreuses concessions. Les syndicats ont, ainsi, raflé la mise sur le texte réglant le temps de travail, le RH077 : 1 568 heures annuelles pour le personnel roulant, 117 jours de repos obtenus contre 104 précédemment pour les roulants, 5 jours fériés compensés, 28 jours de congés y compris fractionnement. Selon des sources internes, il en ressort que l'écart de compétitivité entraînerait un surcoût d'environ 400 millions par an et que si l'on prend en compte l'ensemble que constituent le statut, l'organisation du travail et le manque de polyvalence, la SNCF supporte une charge de 1,4 milliard d'euros supérieure par rapport à l'exploitation chez nos concurrents européens.

On le sait, ce n'est pas une légende urbaine, les agents bénéficient de facilités de circulation pour eux (carte de réduction de 90 %), leurs ayants droit (16 dispenses de paiement) ainsi que pour le reste de leur famille (parents, beaux-parents : 4 dispenses par personne.) Dans un rapport publié en 2014, la Cour des comptes pointait du doigt l'ampleur du coût de ce dispositif pour 100 millions d'euros. Mais quel est le véritable coût de cet avantage ? 10 voyages par an pour 100 euros pour 500 000 personnes (retraités, cheminots et leurs familles), l'addition réelle serait plutôt 500 millions d'euros par an.

Quant au régime des retraites, il est largement déficitaire. Ce régime spécial sert environ 5,2 milliards de prestations vieillesse à 264 000 pensionnés pour seulement 147 000 cotisants. Le ratio démographique (rapport entre le nombre de cotisants et le nombre de pensionnés) est donc très défavorable : 0,56 pour la SNCF (contre 1,38 pour la Caisse nationale d'assurance vieillesse – CNAV). Tout simplement intenable. Les cotisations de retraite sont plus élevées pour l'employeur (37,44 %) mais moins élevées côté salarié (8,52 %), par rapport à un salarié du privé. Depuis la réforme de 2008, l'âge de liquidation des droits a été relevé de 55 à 57 ans et de 50 à 52 ans mais ces mesures ne convergeront qu'à partir de 2024 pour les personnels roulants. Pour les autres agents dits sédentaires, l'âge d'ouverture des droits passe à terme de 60 à 62 ans.

Ce régime nécessite *de facto* une contribution d'État de 3,3 milliards d'euros par an pour équilibrer la balance. Une subvention qui s'élève à

12 800 euros par retraité SNCF. Car non seulement les âges de départ à la retraite sont plus prématurés pour une partie des personnels, mais les règles de calcul sont plus généreuses. Contrairement au salarié du privé, la retraite d'un cheminot se calcule un peu comme celle d'un fonctionnaire, à savoir 75 % du dernier traitement (primes comprises mais pas les gratifications). Il en ressort qu'il y a là une inégalité manifeste qui devra elle aussi être réglée, non pas à l'occasion de la réforme ferroviaire, mais de celle des retraites.

Si l'on applique les règles de calcul du privé et que l'on compense les primes des cheminots (traditionnellement non incluses), les baisses de pension pourraient atteindre 13 à 19 % en moyenne. Ensuite, la question est celle de l'âge de départ en retraite : actuellement, la durée de pension moyenne en droit direct est de 28 ans à la SNCF, contre 20 ans pour la CNAV.

En ajoutant aux subventions d'équilibre du régime des retraites les subventions d'exploitation et d'investissement de l'État et des collectivités locales, le groupe SNCF touche 14 milliards d'euros de subventions publiques par an. Alors même que le ferroviaire est de plus en plus bousculé par la concurrence des autres modes de transport : camion, avion, covoiturage, autocar. Un sursaut s'impose !

La CFDT – et le gouvernement aussi visiblement – a profité de la discussion de la réforme au

Sénat pour refiler des mesures qui continuent de coûter cher : l'allocation familiale spécifique des cheminots est donc maintenue, l'existence d'une clause de retour à la SNCF pour les agents transférés au sein d'entreprises concurrentes. Mais ont surtout été rajoutées bien discrètement des mesures pour maintenir une représentativité syndicale et une mutualisation des œuvres sociales. Comprendre : pas touche au trésor des syndicats de la SNCF !

Il faut dire que cette entreprise publique est une vraie manne. Les heures de décharge syndicale sont montées à 1,2 million en 2011, soit 761 agents à temps plein, auxquelles il faut ajouter les personnels mis à disposition à plein temps (encore 162 agents). Au total, le syndicalisme à la SNCF représente 923 agents à temps plein sur 158 000 agents, soit 5,84 pour 1 000 agents. Coût estimé : 33 millions d'euros par an, soit 1,72 % de la masse salariale de l'entreprise. À titre de comparaison, le syndicalisme pour la fonction publique équivaut à 2,89 agents à temps plein pour 1 000.

Ouverture à la concurrence réelle ou faussée ?

Et que se passera-t-il quand le groupe public perdra un marché face à un rival lors d'appels d'offres, après l'ouverture à la concurrence ? Le Sénat a renforcé la priorité donnée au volontariat, la SNCF devra aussi proposer un poste de reclassement à tous les cheminots qui consacrent moins de 50 % de leur temps de travail à un marché perdu et refuseraient d'être transférés, un « droit au retour » va être créé. Concrètement, un salarié parti chez un concurrent pourra revenir à la SNCF et aura alors le choix entre récupérer tous les droits liés au statut de cheminot ou réintégrer le groupe public en signant un nouveau contrat. Le nouveau texte précise que le capital public des entités SNCF (la société de tête, la direction), SNCF Réseau (les rails) et SNCF Mobilités (les trains) est « incessible ».

L'entreprise sera-t-elle avec cette réforme libérée du joug de l'État et de ses syndicats pyromanes ? Éviterons-nous que la dette ne se reconstitue ? « Vous protéger, ce n'est pas protéger votre statut, c'est vous protéger en tant qu'individu pour aller vers le job de demain », avait prévenu Emmanuel Macron dès l'été 2017.

La question qui se pose maintenant est : le but était-il uniquement de sauver la SNCF ou qu'une vraie concurrence puisse jouer entre les acteurs, notamment au niveau des régions ?

16.

Ordonnances : une réforme en toc ?

Il connaît le sujet par cœur et passe une partie de sa vie bien occupée dans les locaux du ministère du Travail. Une chose est claire pour lui : « Si le gouvernement n'a pas voulu toucher au temps de travail dans les ordonnances, ni augmenter le temps de travail annuel autour des 1 750 heures pour un temps plein, ce qui est la norme en Europe, c'est avant tout pour ne pas braquer les syndicats sur le temps de travail dans le secteur public ! » Un comble puisque le Code du travail ne s'applique pas à nos agents sauf que, une fois qu'on aura réformé le temps de travail dans le privé, qu'est-ce qui empêche(ra) les pouvoirs publics de vouloir réformer celui (particulièrement bas) du secteur public ?

Et ce n'est pas le seul sujet de reculade des ordonnances Travail. Beaucoup d'experts le disent – en *off* –, les ordonnances, en réalité, ne changent rien, ou si peu. Un sur-place qui arrange beaucoup de monde si l'on croit le concert de louanges qui a suivi leur adoption. Ainsi, Jacques

Généreux, économiste classé à gauche, qui se déclarait « désespéré » par l'annonce des ordonnances, constatait, à son grand soulagement, qu'elles ne changeaient pas grand-chose. À côté, il faut noter la passivité dont l'ancien leader de FO, Jean-Claude Mailly, a fait preuve, lui qui a retenu ses troupes. De fait, le secrétaire général n'a pas voulu s'associer à l'appel à la manifestation lancé par la CGT et SUD en septembre 2017, ce qui a suscité des critiques et des interrogations, y compris dans ses propres rangs. Mais pourquoi manifester quand les branches et leurs pouvoirs étaient renforcés ? Pourquoi se plaindre quand la marche pour passer des accords collectifs (et donc pour introduire plus de flexibilité) était un peu plus surélevée ? Bref, pourquoi user ses bottines sur le bitume quand presque tout va dans votre sens ? Rappelons-nous qu'ils s'étaient opposés bien plus farouchement à la loi El Khomri, aussi la position beaucoup moins intransigeante de Jean-Claude Mailly et de FO à l'occasion des négociations autour des ordonnances Travail a fait couler beaucoup d'encre. Mais entre-temps, il a réussi à remettre son syndicat au centre du jeu et surtout, il a obtenu que dans l'inversion de la hiérarchie des normes, la branche garde un rôle central car c'est l'échelon où le syndicat est le plus implanté. Conséquence, FO, plus présent dans les grandes entreprises, peut peser directement sur les branches. Il lui fallait avant tout éviter le transfert de trop de prérogatives de négociations aux entreprises jusque-là attribuées aux branches, ce qui aurait affaibli son poids. Les petites entreprises (plus acquises à la CFDT) l'intéressent moins. Chacun ses batailles.

Du bon sens...

Il y a, il est vrai, des progrès bénéfiques grâce à ces ordonnances.

Il faut saluer le changement de la définition du territoire à prendre en considération pour déterminer si, oui ou non, les difficultés économiques d'une entreprise peuvent justifier un licenciement économique. Avant, il fallait regarder la santé de l'entreprise à l'échelle du monde ! Les ordonnances reviennent à une appréciation limitée au territoire national, ce qui est parfaitement justifié et relève tout simplement du bon sens. Il s'agissait d'une demande souvent exprimée, et c'est logique, par les investisseurs internationaux. Récemment, cette disposition a été évoquée par IBM pour justifier un très important investissement à Montpellier dans l'intelligence artificielle, avec la création de 1 800 emplois à la clé. Un bon point.

La fusion des différentes instances représentatives du personnel (comité d'entreprise, comité d'hygiène, de sécurité et des conditions de travail, etc.) et la rationalisation du nombre de délégués et des heures en délégation est un autre exemple à mettre au crédit des ordonnances.

C'est une vraie simplification pour les entreprises qui se voyaient souvent contraintes de négocier deux fois de suite, avec les différentes instances, sur les mêmes sujets. Dans une interview donnée à *L'Opinion*, Jean-Claude Mailly estimait qu'entre 150 000 et 200 000 salariés verront la disparition de leur mandat pour FO à l'issue des fusions, des chiffres apparemment fournis par le ministère du Travail. Dans les grandes entreprises, pour les salariés délégués qui consacrent à ces temps de mandat une (très) large partie de leur temps de travail, les retours au poste de travail risquent d'être les plus difficiles à gérer. Au ministère du Travail, on explique que les entreprises ne savent plus quoi faire de ces salariés qui étaient déchargés à 100 % de leur temps de travail au profit des heures de délégation.

D'autres avancées sont utiles comme le plafonnement des indemnités de licenciement jugées abusives, même si ce plafond est très proche du barème indicatif institué l'an dernier : 20 mois d'indemnités pour 30 ans d'ancienneté (contre 24 maximum avant). Nombre d'employeurs déclarent que, connaissant désormais les risques qu'ils courent s'ils sont contraints de se séparer de leurs salariés, ils ont moins d'hésitation à embaucher. Mais le juge fera-t-il du maximum la règle ? Seule la jurisprudence le dira. Même interrogation sur les accords dits offensifs de préservation ou de développement de l'emploi, qui donnent la possibilité à chaque entreprise d'aménager la durée du travail et les conditions de rémunération de ses salariés. Problème, pour l'instant ces accords sont très peu utilisés par les employeurs. Encore trop complexes, probablement ? Ce serait peu étonnant. Malgré le début de flexibilité introduit par les ordonnances, notre Code du travail reste un tel mastodonte qu'on ne peut s'en tenir à ces quelques appréciations positives, et que, sur bien des points, tout reste à faire.

Beaucoup d'angles morts…

Les mesures (explosives) à adopter, on les connaît, mais on tourne autour : repousser les obligations liées au passage du seuil de 50 salariés à 100 ou à 250 salariés (loin des mesurettes sur les seuils de la loi PACTE), réduire le nombre de salariés protégés (à moitié fait et encore, aucun décompte n'est possible), assouplir les conditions d'utilisation du CDD (existe déjà dans le public mais pas dans le privé !), supprimer le monopole de présentation des syndicats au premier tour des élections professionnelles (jamais considéré sérieusement), etc. Bref, une tâche herculéenne de transformation de notre Code du travail. Sans compter le tabou absolu : toucher aux 35 heures ?

Oui, non, le gouvernement d'Emmanuel Macron tourne autour : ils vont (puisque le candidat l'avait promis) défiscaliser les heures supplémentaires, mais les 35 heures restent en place et restent donc la norme pour le calcul des heures supplémentaires. Ainsi, il demeure très difficile (pour ne pas dire impossible) de parvenir à augmenter la durée du travail dans les PME.

Autre sujet, les accords d'entreprise restent un domaine extrêmement touffu : si on peut se réjouir de la fameuse « inversion de la hiérarchie des normes » qui permet aux accords de niveau inférieur (branche par rapport à la loi et entreprise par rapport à la branche) de déroger aux accords de niveau supérieur, les domaines où les accords d'entreprise ne peuvent pas déroger aux accords de branche restent très nombreux et le gouvernement a dû plusieurs fois capituler à ce sujet. Entre flexibilité pour les employeurs et domaine de la loi, le sujet est complexe. Ainsi, le gouvernement s'est gardé la possibilité de modifier le contenu des accords de branche, particulièrement en excluant « les clauses de nature à porter une atteinte excessive à la libre concurrence ». En ligne de mire, les accords de branche qui sont en fait négociés entre grandes entreprises et syndicats et qui se trouveraient imposés aux petites entreprises, parfois avec des restrictions protectionnistes. Pour les sauver, le gouvernement se garde de la marge. Cela en dit long sur le climat qui règne sur le marché du travail en France.

Quant à la procédure de négociation des accords d'entreprise, la complexité du système retenu est symptomatique du caractère laborieux des compromis avec les syndicats. Un bon point à noter pour les TPE et les PME sans délégué syndical jusqu'à 20 salariés : l'employeur a maintenant la possibilité de recourir à la consultation des salariés sur la durée du travail par jour ou le nombre d'heures supplémentaires ou le pourcentage de majoration des heures supplémentaires mais encore lui faut-il obtenir une majorité qualifiée des deux tiers ! On nage en pleine contradiction où d'un côté le gouvernement plaide pour plus de souplesse pour les petites entreprises, en leur réservant le référendum d'entreprise, et en même temps il leur met une sacrée barrière pour la signature d'accords puisqu'il faut réunir la majorité des deux tiers. Pour les autres employeurs, la possibilité existe, mais ils devront soumettre le vote des salariés à un accord ayant obtenu l'approbation préalable d'une minorité de 30 % des syndicats. La défiance à l'égard des employeurs a encore de beaux jours devant elle.

Même cadeau empoisonné sur l'assouplissement des conditions d'utilisation du CDD dans le Code du travail où le gouvernement a choisi d'autoriser un recours plus large au « contrat de chantier ». Avant la réforme, ce contrat était uniquement utilisable dans le secteur du BTP. Ce contrat à durée indéterminée – sans date de fin précise, contrairement à un CDD – s'arrête au terme de la mission pour laquelle le salarié est engagé. Le recours plus large au contrat de chantier, quoique désormais possible sur le papier, reste soumis au feu vert des partenaires sociaux ! Des accords de branche seront nécessaires pour l'instituer dans d'autres secteurs que le BTP. Ce n'est pas gagné. Seule la métallurgie l'a adopté dans sa convention collective. La loi prévoit qu'un CDD dans le privé ne peut pas être utilisé pour un emploi lié à l'activité normale et permanente de l'entreprise. Le CDD ne peut être renouvelé que 2 fois pour une durée maximale de 2 ans (et dans certaines conditions). Dans le public, un CDD peut être signé pour 3 ans et durer jusqu'à 6 ans. Les Italiens, eux, ont modifié leur Code du travail pour permettre aux entreprises de leur pays d'embaucher en CDD sans avoir besoin de motiver le recours à ce type de contrat. Ces CDD peuvent être renouvelés 5 fois pour une durée maximale de 3 ans.

Autre angle mort de ces ordonnances : nul ne sait ce qui a été conclu en sous-main avec FO et qui expliquerait la bienveillance de ce syndicat. Peut-être la compensation intégrale de l'augmentation de 1,7 point de CSG pour les agents publics ? Et ce, alors que ces derniers ne cotisaient ni à l'assurance chômage ni à l'assurance maladie (le coût de cette compensation est de 4 milliards d'euros par an). Ou peut-être le gouvernement a-t-il promis de ne toucher que très à la marge aux généreuses retraites des agents publics ?

Un élément de l'échange est certain pourtant, car un engagement de campagne, la création du chèque syndical qui était mentionné noir sur blanc dans l'avant-projet des ordonnances, a complètement disparu du projet final. Et pour cause, cela aurait été une véritable transformation du financement des syndicats qui dépendraient alors de leurs adhérents et des salariés qu'ils représentent. Une réforme cruciale qui devait nous permettre de sortir des financements extra-légaux ou issus du paritarisme.

Une réforme pour quoi ?

Au total, quel est le bilan des ordonnances dans le quotidien des entreprises ? Combien de CDI de chantier ? Combien de ruptures conventionnelles collectives ? Combien d'accords d'entreprises sur la majoration des heures supplémentaires ? Quelles décisions des juges sur le barème des indemnités de licenciement pour licenciement abusif[1] ? Combien de CSE qui baissent vraiment la complexité ? Attendons donc ce qu'il en sera. Il peut d'ores et déjà être évalué que les ordonnances Travail ne créeront, à l'horizon 2022, qu'entre 17 000 et 50 000 emplois. C'est loin d'être suffisant.

La baisse du chômage est la seconde préoccu-

1. Qui a pour effet de renchérir les ruptures conventionnelles alors que les indemnités de licenciement ont aussi été augmentées de 25 %.

pation des Français et on aurait pu attendre des mesures beaucoup plus fortes des ordonnances comme une remise en cause des 35 heures, la redéfinition de la cause réelle et sérieuse du licenciement, le report des obligations au passage de seuils à 10 ou à 50 salariés. On aurait pu aussi imaginer rendre plus flexible l'utilisation des CDD, en augmenter le nombre de reconductions possibles, comme l'ont fait les Italiens. Les branches conservent un pouvoir exorbitant. Cela pénalise les jeunes et petites entreprises qui souhaiteraient (et ont besoin pour grandir)que les règles soient plus souples. Rappelons que les conventions de branche sont facultatives en Allemagne et n'existent pas au Royaume-Uni.

Une dernière note. Le Code du travail, loin de voir son volume diminuer, ne fait que gonfler. Il est définitivement hors de portée d'un petit employeur, et même des PME au-dessous de 70 salariés environ (seuil en deçà duquel les entreprises n'ont pas de véritable DRH), d'assimiler les dispositions de ce code. Les ordonnances ont continué dans la lancée précédente consistant à définir séparément ce qui est du domaine impératif de la loi, ce que les accords de branche peuvent modifier, les dispositions supplétives de la loi, ce qui se passe si les accords n'ont rien conclu, ce que les accords d'entreprise peuvent modifier des accords de branche, et évidemment, quelles sont les procédures des accords. Le seul énoncé de cette énumération est de nature à faire dresser les cheveux sur la tête de l'employeur moyen.

Un cadeau bonus ? L'employeur pourra n'être pas sanctionné par les tribunaux en cas d'erreur de procédure formelle en matière de licenciement. Une belle aumône. En attendant, en voyant que les entreprises et leur DRH ne se saisissent pas de toutes ces belles opportunités, ceux du ministère pestent et trouvent que ces acteurs de terrain ne sont pas très courageux !

17.

Le virage social ?

On est toujours étonné quand on entend des députés En Marche !, issus de l'entreprise, interpeller, suite à la parution d'un rapport Oxfam – qui tape à bras raccourcis sur les actionnaires du CAC, qui se gaveraient – le ministre de l'Économie pour savoir comment va faire le gouvernement pour « mieux partager la valeur dans ces entreprises avec les salariés et davantage orienter les actionnaires vers les PME et ETI ayant besoin de fonds propres pour grandir ». Juste avant, ils ont successivement voté la transformation de l'ISF en IFI puis ont décidé qu'il fallait absolument taxer les signes extérieurs de richesse, notamment les yachts[1], alors que l'on sait que rares sont les bateaux de luxe battant pavillon français car ils préfèrent mouiller dans les ports voisins qui taxent moins. Quand on rencontre les députés de la majorité ou les conseillers du gouvernement, on comprend

1. Taxe qui a rapporté 82 500 euros en six mois au lieu des 10 millions escomptés !

le message : « Les entreprises ne doivent pas tout attendre de l'État. » Faut-il comprendre : pour les entrepreneurs et les investisseurs, on a déjà donné, maintenant on passe au social ? Ou, traumatisés, essaient-ils juste de faire oublier le fâcheux « président des riches » ?

L'idée du virage social nécessaire a d'ailleurs la vie dure. Dans une note confidentielle à l'Élysée, trois économistes proches du Président : « Le message social peine à trouver une voix forte à l'intérieur du gouvernement. [...] Le projet n'est pas porté (...) personne ne trace le fil qui relie les réformes. » Parmi ces mesures sociales éventuelles, de bonnes vieilles recettes de gauche : taxer plus lourdement les grosses successions, différer la promesse de suppression de la taxe d'habitation pour les Français les plus aisés, rendre la taxe foncière progressive... Mais d'autres idées encore plus nocives apparaissent : passer la patate chaude du financement de l'allocation de fin de droits au chômage (ASS) aux entreprises, leur refiler aussi le financement des arrêts maladie...

« Président des riches », est-ce d'ailleurs une accusation juste ? En partie, car Emmanuel Macron (et c'était prévu dans son programme de campagne) a bien choisi de baisser la fiscalité pesant sur le capital en priorité, ce qui est une très bonne idée (et il y avait urgence). Mais il faut ensuite que cela suive sur le reste de la fiscalité. Quand on parle de lui avec des actionnaires ou des grands patrons, ces derniers l'adoooorent : « Surtout ne le critiquez pas, ce garçon est formidable. » Nécessairement, leurs impôts ont pu être divisés par 2, voire 3, mais se rendent-ils compte que le reste de la fiscalité ne suit pas ? Ils ne veulent pas le savoir et préfèrent trouver que ce n'est pas chic du tout de s'insurger contre la modification de l'objet social de l'entreprise.

Une obsession syndicale de toujours

Étonnant de voir qu'encore une fois, sur un sujet aussi important que l'objet social de l'entreprise, ce soient avant tout les syndicats de salariés qui sont écoutés par le gouvernement. Nicole Notat, l'ancienne patronne de la CFDT, a été comandatée[1] par le gouvernement pour écrire un rapport intitulé « Entreprise et intérêt général ». Tout simplement. Comme si, jusqu'à maintenant, l'entreprise n'avait pas été au service de l'intérêt général ! La position de l'actuel président de la CFDT, Laurent Berger, est claire : « Partager la richesse, mais aussi le pouvoir. » Faut-il rappeler que toute personne est libre en France de créer une entreprise et qu'avant de partager richesse et pouvoir, il faut les produire ? Faut-il rappeler aussi que nos syndicats sont parmi les plus réactionnaires en Europe et qu'il est compréhensible que

1. Avec Jean-Dominique Senard, président du groupe Michelin.

les entreprises ne sautent pas de joie à l'idée de les mettre dans leurs conseils d'administration ? La CFDT propose « de renforcer les moyens d'action des administrateurs salariés (ouvrir chaque comité aux administrateurs, jetons de présence pour tous les administrateurs), abaisser le seuil de mise en place des administrateurs salariés aux sociétés de 500 salariés (contre 1 000 actuellement) et augmenter la proportion de représentants des salariés dans les conseils d'administration et de surveillance ». Rien que cela. On fait sortir les syndicats par la porte des ordonnances Travail et ils rentrent par la fenêtre du conseil d'administration. Cocasse.

En réalité, seules les sociétés par actions sont visées dans le projet du gouvernement, soit une proportion très faible des entreprises. L'objectif ? La perte imposée du pouvoir de décision des actionnaires. Peu probable qu'ils y arrivent, mais l'air de rien, l'idée avance.

Une petite mise au point doit venir rappeler qu'il ne faut pas confondre entreprise et société. Nulle part, la loi ne définit l'entreprise. La notion juridique la plus proche est le fonds de commerce, qui est un concept comprenant des actifs matériels et immatériels. Le Code civil définit la société en tant que personne morale créée par contrat entre ses associés.

Ainsi, parler de l'« objet social de l'entreprise » est une hérésie juridique. D'abord parce que l'objet social est un terme qui se réfère à l'activité d'une société, et non d'une entreprise, telle qu'elle figure dans les statuts de cette société, et aussi parce que les articles cités du Code civil se réfèrent quant à eux, non pas à cet objet social mais au but général de la société ou aux conditions de validité de la société quant aux rapports entre associés.

D'autre part, la plupart des entreprises ne sont pas constituées sous forme de sociétés. Ce sont des entreprises individuelles, sans actionnaires, y compris les auto-entrepreneurs, ou des sociétés unipersonnelles, ou encore des associations. Or, il est évident que le projet de réforme ne concerne que les sociétés par actions, qui ne représentent que 4 % des entreprises. Ces sociétés par actions, où la responsabilité des actionnaires est limitée au montant des apports, ne sont d'ailleurs pas réglementées par le Code civil, mais par le Code de commerce. Pour ces raisons, la modification envisagée du Code civil constituerait un collage d'une disposition parfaitement hétéroclite.

Si ces propositions peuvent apparaître plaisantes, elles n'ont en réalité pas leur place dans une loi, dans la mesure où elles ne peuvent donner lieu à une quelconque sanction. Pire, elles ne peuvent conduire qu'à une totale confusion s'il prenait aux dirigeants l'idée de vouloir s'en inspirer indistinctement dans leur gestion. Inutile de préciser, enfin, qu'il est parfaitement illusoire de penser qu'un tribunal pourrait condamner une entreprise – ou ses actionnaires – pour méconnaissance de l'intérêt général, ou de celui d'une « partie prenante », sauf bien entendu pour violation d'une loi existante.

De plus, des alternatives existent déjà avec le grand nombre de modes de gouvernance alternatifs à la gouvernance capitalistique : coopératives (très présentes aux États-Unis en particulier), mutuelles, associations, sociétés de l'ESS (économie sociale et solidaire), sociétés autogérées (universités), sociétés par actions où les salariés participent à la gestion (cogestion allemande ou même française).

Cette croisade est entièrement et uniquement dirigée contre les actionnaires des sociétés anonymes, lorsqu'elles sont cotées. Ni les SARL, ni les sociétés où la responsabilité des associés est illimitée, ni évidemment les sociétés unipersonnelles ou les entreprises qui ne sont pas des personnes morales, ne sont raisonnablement susceptibles d'être concernées.

Au-delà de l'exigence de conserver de bons contacts avec leurs fournisseurs et leurs clients, et d'exercer leur activité en conformité avec les lois et réglementations diverses applicables (ce qui est déjà beaucoup leur demander !), qu'exiger d'autre ? Pourquoi chercher à complexifier davantage et à inventer une nouvelle forme de société ? À moins que ce sujet de l'objet social de l'entreprise ne se résume à une nouvelle opération de communication ?

Pas besoin d'actionnaires, v'là la BPI...

Mais il y a pire. Si le combat contre le capital passe par l'actionnaire, il doit surtout s'attaquer au financement même de l'économie, où il est de bon ton que la puissance publique incite (ou contraigne) à investir là où elle le désire, au nom bien sûr... de l'intérêt général.

Janvier 2017, une des députées LREM de la commission des finances a annoncé avoir « convoqué » banquiers et assureurs à l'Assemblée nationale afin que ceux-ci proposent de nouveaux produits financiers facilitant l'investissement dans les PME. Début octobre 2017, à la suite de la suppression du dispositif de réduction d'ISF « ISF-PME », elle avait défendu, en compensation, l'idée de doper la réduction d'impôt sur le revenu pour placement dans une PME (dispositif Madelin). Une très bonne idée à condition d'avoir le courage d'affronter Bercy. *In fine*, la déception prévaut. L'amendement voté par l'Assemblée nationale prévoit de faire passer la réduction d'impôt « Madelin » de 18 à 25 %, sous un plafond global des niches fiscales maintenu à 10 000 euros, comprenant l'utilisation d'autres niches fiscales comme la réduction d'impôt pour emploi à domicile. Autant dire qu'il ne se passera rien. Et dans un an, les détracteurs de la politique du gouvernement en matière de baisse de la fiscalité du capital auront tout loisir de montrer que le financement des entreprises risquées a été amputé d'environ un milliard d'euros et que la baisse de la fiscalité du capital n'a pas profité à la création d'emplois.

Les épargnants ne sont pas incités à investir dans nos emplois de demain, les banques et les assurances ont des contraintes prudentielles de plus en plus lourdes. On se retrouve dans une impasse qui fait que la BPI (Banque publique d'investissement) est le candidat tout trouvé pour investir dans l'économie.

Mais quand on creuse un peu le sujet, on comprend que plusieurs personnalités se posent des questions : « Ils voulaient acheter des vignes en Champagne, en quoi est-ce le rôle de la BPI ? Et pourquoi investissent-ils tellement dans des activités à tarif réglementé comme les fermes solaires par exemple, cela devrait être exclu de leur champ d'intervention ? », vitupère un élu. Et personne ne semble vraiment capable d'expliquer clairement en quoi la BPI comble des failles du marché. Étrangement, quand on propose de flécher directement l'épargne des Français vers l'investissement en capital des entreprises, il y a tout le temps quelqu'un de très intelligent pour répondre qu'il ne faut surtout pas piloter par des incitations fiscales directes(sous-entendu : la BPI c'est mieux !).

Il y a trois ans, la Cour des comptes devait sortir un rapport au vitriol sur la BPI mais, en définitive, elle a produit un paquet de guimauves.

Incroyable ! Tous les passages un peu rugueux qui avaient filtré dans la presse avaient disparu. Les soirées à plus d'un million d'euros ? On n'en parle pas. Le double siège ? Pas plus. Les déplacements pléthoriques en voiture avec chauffeur ? Quelques lignes. Personne n'a le droit de dire du mal de la BPI. Surtout pas les entrepreneurs. Encore moins les députés. Sinon, ils se font en douceur recadrer par le gouvernement.

Le rapport publié par la Cour des comptes s'inquiète quand même du caractère hégémonique de cette banque publique : « Il est inquiétant que la BPI se targue d'être intervenue, en 2014, dans un tiers des ETI françaises. À ce niveau, le risque de distorsion de concurrence et d'éviction des acteurs privés devient alarmant. »

Et la Cour de lister les failles : « Il n'existe pas de département conformité à part entière ; il n'existe pas de charte du contrôle interne et la procédure de remontée des incidents n'est pas suffisamment robuste. [...] Il n'existe pas de cartographie des risques globale à l'échelle du groupe.» En clair, l'État investit, apporte sa garantie mais ne mesure pas ses risques. La banque ne semble pas exempte des tentations qui ont déjà coûté si cher aux contribuables, si l'on se souvient de l'ambition passée du Crédit lyonnais de se transformer en banque d'affaires sous prétexte de soutien à l'économie française.

La banque a utilisé les capitaux importants mis à sa disposition par l'État dans une logique de croissance, plutôt que de concentrer ses efforts sur l'administration rigoureuse de ces fonds dans le respect du mandat que lui a confié la nation. L'impact – positif ou non – de son action sur l'économie française n'a par ailleurs pas fait l'objet d'un début d'évaluation. Attention, ce n'est pas parce que l'État est actionnaire que les entreprises sont mieux gérées, au contraire !

C'est à se demander si l'État et les syndicats ne sont pas complices pour évincer les actionnaires, l'un investissant à tour de bras dans les entreprises, les autres réclamant à cor et à cri des places dans les conseils d'administration qu'ils abhorrent (noyautage quand tu nous tiens). Et ce, alors qu'un troisième larron, l'Europe, sous couvert de lutte contre le blanchiment et le terrorisme, contraint avec la bénédiction de Bercy, et depuis le 1er avril 2018, les 2 millions de sociétés non cotées immatriculées avant le 1er août 2017 à déclarer au greffe du tribunal de commerce l'identité et l'adresse des personnes physiques détenant, même indirectement, 25 % de leur capital ou de leurs droits de vote. Ce flicage répond au doux nom de « registre des bénéficiaires effectifs[1] ». Au-delà des heures de travail supplémentaires pour cette nouvelle charge administrative qui s'abat sur nos entreprises, tout changement dans ces informations

1. Directive européenne 2015/849 du 20 mai 2015, transposée par une ordonnance du 1er décembre 2016.

devra être signalé dans les 30 jours. Les sanctions encourues sont sympathiques : 7 500 euros d'amende, inéligibilité et 6 mois d'emprisonnement ! Le tournant social (et fiscal !), pour les actionnaires, on est déjà dedans.

18.

Ils savonnent la planche de la réforme des retraites

Pour l'instant, les intentions du gouvernement en la matière sont plus que vagues : un euro de cotisation doit donner à tous les cotisants le même droit à pension. Quand on a dit cela, on n'a rien dit. Surtout si l'on prend à la lettre ce qui a été annoncé par le gouvernement : pas de modification pendant 5 ans, pas d'économies à anticiper de la réforme des retraites, et pas non plus de report de l'âge. Autant dire que tout est reporté au prochain quinquennat. Cette réforme sera-t-elle une réforme pour rien ? Le risque est grand. Et ce d'autant plus que le gouvernement semble s'appuyer beaucoup sur les travaux d'instances qui ne sont pas neutres.

Le Conseil d'orientation des retraites (COR) est ainsi la grande pythie sur le sujet. Mais la pythie est partiale car composée de tous nos syndicats paritaires et loin de nos retraités et futurs retraités.

Tout sauf l'harmonisation !

En matière de retraites, le COR n'est pas le seul à avancer avec autorité des constatations sur lesquelles se jettent les syndicats pour bloquer tout changement. Ainsi, le comité de suivi des retraites, présidé par Yannick Moreau, première présidente du COR, et rapporteur de la commission sur l'avenir des retraites, déclarait : « D'autres mesures d'économies sont parfois citées que le comité de suivi n'entend pas passer en revue. Il remarque seulement que certaines pistes envisagées ne lui semblent pas obligatoirement génératrices d'économies, notamment celles qui seraient liées à la suppression des catégories actives de la fonction publique. » Pourtant, un rapport sénatorial de 2010 permet de chiffrer à 2 milliards d'euros le gain d'une fermeture immédiate de la possibilité pour certains agents dits en « catégories actives » de partir à 55 ou 57 ans à la retraite.

L'harmonisation des régimes public/privé sera l'une des étapes majeures à franchir. Dans le foisonnement des régimes actuels, les règles applicables aux salariés du privé diffèrent encore de celles appliquées aux agents de la fonction publique : salaire de référence et taux de liquidation (75 % du traitement hors primes des 6 derniers mois), réversion, majoration pour enfants, surcote, catégories actives, bonifications. Certaines règles sont à l'avantage du privé, comme la prise en compte des temps partiels ou la majoration de la durée d'assurance pour enfants.

Rapprocher le fonctionnement des deux systèmes est donc indispensable. Ce rapprochement s'avère pourtant difficile car, depuis de nombreuses années déjà, plusieurs études (très officielles) ont présenté des chiffres tendant à minimiser la différence entre agents du public et salariés du secteur privé.

En septembre 2015, le COR a publié sous le titre « Les différences de retraite entre salariés du privé et fonctionnaires » un document qui a fait sensation, qui sera largement repris dans la presse, et présente la conclusion suivante : « Sur le champ des fonctionnaires d'État civils, des simulations montrent que l'application des règles de la CNAV, de l'ARRCO et de l'AGIRC conduirait, pour les générations qui partiront à la retraite dans les prochaines années et sous l'hypothèse de salaires nets identiques, à un montant proche en moyenne de celui calculé avec les règles des régimes de fonctionnaires. » Pour les représentants syndicaux, le pas à franchir n'est pas très compliqué, à l'instar de Philippe Pihet, « M. Retraites » à FO, bien implanté dans la fonction publique, qui en conclut : « Nous avons souligné, comme l'avait fait la commission pour l'avenir des retraites, que les taux de remplacement dans le privé comme dans le public sont très proches. En d'autres termes, les formules de calcul de retraite différentes n'engendrent pas la divergence de traitement souvent citée en exemple, à tort, par les tenants du "régime unique". »

Mais ce qu'ils oublient de nous dire, c'est que l'étude du COR est loin d'être complète car elle s'appuie sur un calcul avec primes comprises, alors que ces primes ne sont pas soumises à cotisation ! Autre petit souci : une part importante de l'échantillon pris en compte n'a effectué qu'une petite partie de sa carrière dans la fonction publique.

Si l'on effectue une simulation, menée sur des carrières réelles issues des générations de 1954, 1958 et 1962 (échantillon de plus de 4 000 enregistrements), l'application du régime du privé aux agents de la fonction publique (sans décote ni surcote) présente une différence de pension de – 21 % en moyenne sur les 3 générations étudiées. Alors que l'application des règles de la fonction publique conduit en moyenne à une retraite de 27 847 euros sur l'échantillon, elle ne serait que de 21 975 euros par an avec les règles du privé. Un calcul qui s'entend sans tenir compte des primes perçues pendant la carrière de l'agent puisqu'elles ne sont pas soumises à cotisation. On retient donc que la pension moyenne serait inférieure de 21 % à celle obtenue avec le régime de la fonction publique avec 95 % de perdants (en incluant les primes, la baisse est de 7 % sur les pensions, et le taux de perdants est de 66 %). Une hypothèse qui n'a pas été encore étudiée par la DREES[1] et par le COR, alors que c'est la seule qui permette de toucher du doigt la différence que le mode de calcul provoque entre le public et le privé.

Ce n'est pas la première fois que le COR est l'objet de critiques. En 2016, la Cour des comptes n'a pas hésité à mettre les pieds dans le plat et à douter de ses prévisions financières. Les magistrats ciblent en particulier le choix d'un horizon de pilotage trop lointain : le COR communique sur un solde financier à l'horizon 2060 ou 2070. Pour la Cour : « L'horizon 2060 s'avère trop éloigné pour faciliter la mobilisation rapide des leviers permettant l'équilibre de moyen et long terme des régimes de retraite, tout en amplifiant mécaniquement la divergence des conséquences financières des différents scénarios. » La Cour critique d'ailleurs des hypothèses trop larges qui conduisent à des déficits insoutenables ou à de larges excédents. Enfin, la Cour estime que les chiffres retenus pour construire les scénarios manquent d'indépendance : « La fourchette actuelle de cibles de productivité (1 à 2 %) retenue peut apparaître optimiste. »

Ce ne sont pas les seules critiques que l'on puisse adresser aux perspectives du COR. Comment expliquer qu'entre les perspectives de 2016 plutôt optimistes et celles publiées en juin 2017,

1. Direction de la recherche, des études, de l'évaluation et des statistiques.

l'horizon se soit assombri à ce point ? La perspective d'un retour à l'équilibre recule de 20 ans, voire de 30 ans, ce qui n'est pas rien. Par ailleurs, il n'y a plus qu'un seul scénario envisagé par le COR sur quatre qui permette d'envisager de renouer avec les excédents, celui à 1,8 % de taux de croissance des revenus, une hypothèse qui n'est pas des plus probables, un tel chiffre n'ayant pas été observé depuis 2006. Le COR est décidément très optimiste dans ses calculs.

Sur les hypothèses démographiques également, les trois scénarios fournis par le COR ne permettent pas de conclure. Pourquoi un tel flou alors que depuis 18 ans la mission du COR est précisément de formuler « ses analyses et ses recommandations dans des rapports remis au Premier ministre, communiqués au Parlement et rendus publics » ? Il semble que ce soit la règle du consensus entre les 39 membres qui bloque le système. Les multiples groupes étant majoritairement favorables au *statu quo*, aucun changement n'est proposé. C'est donc bien du côté de la composition du COR qu'il faut revoir les règles.

Le boulet du privé

Au titre des questions que l'on ne veut pas voir les salariés se poser, il y a l'évidente « À quoi servent mes (très lourdes) cotisations retraite ? ». Depuis l'accord de 2015 des partenaires sociaux sur l'avenir des retraites complémentaires, il a été acté la fusion de l'ARRCO et de l'AGIRC et la disparition du régime « historique » des cadres. Cette fusion s'est accompagnée pour les salariés d'une plus forte mise à contribution… grâce à des cotisations qui explosent avec notamment des taux d'appel qui sont passés de 125 à 127 % sans donner de points retraite supplémentaires. Impossible aux salariés de repérer ces changements qui se regroupent sur la fiche de paye simplifiée dans la ligne sibylline « retraite complémentaire ». Ainsi, un salarié disposant d'une rémunération brute de 40 000 euros par an a vu ses cotisations de retraite complémentaire portées à 4 226 euros, soit une augmentation proche de 300 euros. Sur ce montant, 1 733 euros ne lui rapporteront aucun point de retraite. Les partenaires sociaux ont su faire de chaque salarié un généreux contributeur. L'État non plus ne s'en était pas privé en augmentant les prélèvements à l'occasion de la réforme Woerth (2010) et les cotisations à l'arrivée de François Hollande (2012) puis à l'occasion de la réforme des retraites (2014). Tout ça pour réparer les dégâts de la malheureuse décision des partenaires sociaux dans leur ensemble d'avoir accepté en 1982 que les retraites complémentaires s'alignent sur l'âge de la retraite à 60 ans décidé par l'exécutif. Une décision à contresens de l'évolution démographique !

On doit ici souligner la schizophrénie des organisations syndicales qui n'hésitent pas, d'un côté à s'accorder sur la nécessité d'augmenter les cotisations sur les rémunérations des salariés du privé et, pour ne pas reporter l'âge de la retraite, de mettre en place un système de bonus-malus alors que ces mêmes organisations syndicales paralysent régulièrement la France pour maintenir les régimes spéciaux de retraite de leurs nombreux adhérents. Difficile de ne pas penser à celui de la SNCF dont les engagements de retraites sont, pour mémoire, évalués à 154 milliards d'euros !

Et du côté des droits ? Reconnaissons que, depuis la loi de 2003 sur le droit à l'information, les choses se sont améliorées de ce côté-là. Chaque assuré doit disposer, tout au long de sa carrière et au moment de la préparation de son départ à la retraite, d'une vision consolidée de ses droits acquis et d'une évaluation de son futur montant de retraite. Tous les 5 ans, un actif reçoit son relevé de situation individuelle qui recense tous ses droits et l'estimation indicative globale qui lui est adressée à partir de 55 ans.

Voilà pour la transparence. Le problème, c'est la (dés)organisation du système, car chaque régime continue à assurer sa propre communication : ainsi, le site de la fonction publique a mis au point son propre simulateur, la CNAV, qui se présente comme « L'assurance retraite, votre retraite de la Sécurité sociale », a créé son application mobile, les retraites complémentaires AGIRC-ARRCO aussi, et l'ont nommé « Smart retraite ». À vous, futurs retraités, de vous y retrouver là-dedans.

Cette complexité, personne ne peut (plus) l'ignorer et les sénateurs se sont d'ailleurs penchés sur ce sujet. Ils ont pu se rendre compte que la simplification à l'œuvre n'est qu'une simplification de façade car le système français de retraite reste très émietté, géré par des centaines de caisses employant un personnel important. Selon l'OCDE, « la France se situe, avec la Grèce et le Japon, dans le trio de tête des pays où les systèmes sont les plus fragmentés, [avec un] nombre de régimes différents extrêmement élevé ». Et les plus chers en gestion.

Dans le public, des retraites aléatoires

Cet enfumage n'est pas l'apanage du secteur privé : côté fonction publique, on notera que la présentation de la fiche de paie est plus simple mais pas forcément plus explicite. Le simple libellé « retenue PC » pour pension civile du fonctionnaire ne fait apparaître que le montant mais pas le taux de la retenue. Difficile dans ces conditions de comprendre, pour chaque agent public, que la cotisation employeur, qui s'appelle pudiquement la « contrib PC » (pour contribution pension civile, autrement dit la charge employeur), est de 74 % ! Au total, en 2016, la contribution employeur de l'État atteint la somme considérable de 39,3 milliards et représente 12,9 % du budget général. Plus qu'un boulet, une enclume pour les contribuables-financeurs.

En parallèle, le niveau des retraites des agents publics est très aléatoire. L'explication tient à la part des primes des agents qui ne sont pas comptabilisées dans le calcul de base de leur retraite, cela parce que les primes ne sont pas soumises à cotisation. Lorsque 1 000 euros de primes sont versés à un fonctionnaire, il les touche intégralement, alors qu'un salarié du privé ne touchera que 730 euros, après déduction des charges salariales et patronales. Seule exception, la retraite additionnelle de la fonction publique (RAFP), régime en capitalisation qui prend, en partie, en compte les primes dans la limite de 20 % du traitement indiciaire. Ainsi, plus la part des primes dans la rémunération d'un agent est grande, moins le taux de remplacement sera élevé. Les enseignants, par exemple, qui touchent moins de primes que les autres agents, sont donc avantagés au moment du départ à la retraite. Les agents du ministère des Finances qui peuvent toucher jusqu'à 50 % de leur rémunération en primes sont désavantagés. De ce fait, les écarts mesurés en taux de remplacement (pension servie en pourcentage du dernier salaire) des fonctionnaires d'État peuvent varier de 51 à 75 % (le taux de liquidation maximal).

Les syndicats contre la réforme

Ce qui inquiète aujourd'hui les syndicats, c'est la mise en place d'un régime universel. Pourquoi ? Parce qu'à l'occasion de cette réforme, Emmanuel Macron pourrait s'attaquer à la gouvernance. Il l'a déjà (un peu) fait à l'occasion de la réforme de la formation professionnelle en supprimant certains organismes collecteurs gérés par les syndicats. Si aujourd'hui, il semble que les syndicats aient réussi à conserver leur très grand nombre de mandats de gestionnaires, si la tendance se confirme, ils pourraient être menacés par les réformes structurelles.

Alors forcément, la seule question qui taraude aujourd'hui les syndicats est : l'unification des régimes de retraite s'accompagnera-t-elle du maintien d'un minimum de paritarisme ? La réforme prévoit l'intégration des régimes complémentaires dans le régime universel. Or, les régimes AGIRC-ARRCO sont gérés par les partenaires sociaux et constituent la vitrine du paritarisme : 20 caisses ARRCO, 12 caisses AGIRC, 13 000 salariés, 2 milliards d'euros de coûts de fonctionnement, plusieurs centaines d'administrateurs, elles forment le pilier de notre protection sociale. Un pilier surprotégé par les syndicats. Néanmoins, on revient de loin : en 1990, il y avait encore 152 institutions ARRCO et 55 AGIRC.

Le descriptif de retraite universelle, selon le programme d'En Marche !, correspond au principe des comptes notionnels mis en place dans les années 1990 en Suède. Le COR a décrit ce système dans plusieurs rapports. Retenons-en que les comptes notionnels enregistrent pour chaque assuré un compte virtuel sur lequel sont enregistrés ses droits à la retraite. Proches dans leur fonctionnement des retraites par points que les Français connaissent déjà. Chaque affilié comprend alors le lien entre le capital accumulé et la retraite qui lui sera versée. La différence est que, dans les comptes notionnels, l'allongement de l'espérance de vie se répercute sur chaque génération. Ainsi, si l'on peut dire, l'âge de la retraite s'accroît automatiquement.

En France, plusieurs responsables politiques et syndicaux ont exprimé leur aversion pour un pilotage automatique du système. On comprend facilement pourquoi : si le nouveau système est inspiré du modèle suédois, plus besoin de grandes palabres sur les cotisations ou l'âge de départ. Quel sera alors le sort des (trop) nombreux administrateurs syndicaux et patronaux ? Du côté des partenaires sociaux, c'est donc la concorde entre syndicats de salariés et patronat pour défendre le modèle des retraites complémentaires. Selon Claude Tendil, négociateur pour le MEDEF : « Nous préférons le pilotage semi-automatique, comme à l'AGIRC-ARRCO. » Ben voyons. En 2019, la bataille entre le gouvernement et les syndicats (qui vont jouer le *statu quo* et l'immobilisme) va faire rage.

Conclusion

Sortir de l'immobilisme ?

Deux choix s'offrent maintenant à nous : continuer à vivre dans l'obscurité ou allumer la lumière.

On croit rêver devant tant de cynisme, mais c'est vrai.

Les rentiers de la République, ceux qui refusent de faire le bilan, de regarder en face les faits et les chiffres de l'état de la France écornent chaque fois un peu plus la démocratie. Ils manquent de courage, de panache, mais aussi de clairvoyance. Pour se maintenir, ils laissent les citoyens dans l'illusion du redressement économique. Avec le risque majeur de dérouler le tapis rouge aux populistes et autres bonimenteurs. Faire différemment est pourtant possible. Un maire, celui de la commune de Plan-de-Cuques, 12 000 habitants, près de Marseille, a relevé le défi. Sa commune était la plus endettée et la plus imposée de France, par habitant, avec une taxe foncière de 42,6 % et une taxe d'habitation de 40,12 %. Les habitants fuyaient la ville. En 2018, après

17 longues années de gestion rigoureuse, elle est la moins imposée de France[1] sur ces deux impôts.

Quand on demande au maire (sans étiquette) comment il a fait, il répond que ce n'est pas un miracle. Il explique : baisse des dépenses, autofinancement des investissements, mise en réserve.

Quand il a été élu, l'attente des habitants était immense. La mairie comptait alors 245 agents, aujourd'hui ils sont autour de 75. C'est-à-dire 3 fois moins. De 2000 à 2016, les dépenses de personnel de la ville ont baissé de 32,2 %. À l'échelle de la France, cela ferait une baisse de plus de 80 milliards d'euros par an.

Cela s'est fait en plusieurs étapes : externalisation des affaires scolaires, des espaces verts. À l'école, les enfants sont surveillés pendant les récréations par des personnels de sociétés privées, les aides maternelles sont aussi embauchées par des sociétés privées. Pour les espaces verts, ce sont également des entreprises qui sont mandatées.

Pour avoir sorti sa ville de la noyade, ce maire est-il valorisé ou félicité ? Non, à aucun moment. Il est même puni car plus une ville économise, plus la dotation versée par l'État est faible, et plus la péréquation baisse. Le maire le déplore : « Quand vous êtes bon gestionnaire, on vous pénalise car on regarde [uniquement] l'effort

1. Par rapport aux villes comptant un nombre d'habitants similaire, villes de la même strate.

fiscal. » C'est vrai, dans les lunettes de Bercy, si les impôts ne sont pas au maximum de ce que l'on appelle le « potentiel fiscal », cela fait baisser mécaniquement les financements qui arrivent de l'État. En gros, si un maire ne matraque pas fiscalement ses habitants, il reçoit moins d'argent. Depuis 2013, la ville a donc perdu 80 % de ses dotations.

Le maire concède qu'avec « la disparition de la taxe d'habitation, si quelqu'un d'honnête se présente devant les citoyens, il a toutes les chances de ne pas être élu car les électeurs ne seront plus les payeurs. Le lien fiscal sera détendu car les locataires n'auront plus de lien fiscal qu'avec la taxe d'enlèvement des ordures ménagères, lorsqu'elle existe. Le malhonnête va pouvoir proposer de grosses dépenses que 70 % des habitants ne paient pas et ce sera donc le jackpot à super menteur. Et cela a déjà commencé ».

Aujourd'hui, le gouvernement veut contractualiser avec les collectivités – 70 % d'entre elles ont accepté à l'été 2018 – mais il ne souhaite pas les inciter à changer de modèle. Un maigre espoir est apparu quand des sénateurs ont proposé de copier le modèle italien qui incite aussi les collectivités à baisser leurs dépenses inutiles, mais gouvernement et Assemblée nationale ont fermé la porte. Ils ne veulent pas vraiment d'un système qui ferait baisser le nombre d'agents publics, la dépense de fonctionnement, les frais de bouche, et surtout qui permettrait des comparaisons entre les collectivités. On parviendrait ainsi à pointer du doigt la bonne gestion et la moins bonne (et à découvrir qu'elle n'a pas de couleur politique ?).

Certains maires ou présidents de région commencent à comprendre que trop c'est trop et que l'on ne pourra pas faire illusion encore bien longtemps, notamment sur la productivité (en berne) de leurs agents. Alors ils commencent (il était temps !) à remonter le temps de travail.

La région Occitanie a ainsi engagé, depuis la mi-2017, un processus de négociation pour revenir à la durée légale de 1 607 heures : 40 heures de plus travaillées par an, voire 140 pour certains agents. Les syndicats SUD et le Front de gauche sont montés au créneau avec le slogan « N'acceptons pas de travailler plus » en déplorant n'avoir plus que 27 jours de congés payés + 23 jours de RTT !

La région Auvergne-Rhône-Alpes a voté l'harmonisation des temps de travail des agents. Ces derniers travaillent 35 heures par semaine depuis le 1er janvier 2018. Ils étaient plus près des 31 heures (mais payées 39). Cette harmonisation va concerner tous les agents, ceux du siège comme ceux des lycées. La région Île-de-France, elle, a fait la moitié du chemin en remontant le temps de travail à 35 heures pour les agents du siège, mais pas pour les personnels des lycées. L'Allier, le Loiret, le Nord, ont embrayé dans cette dynamique.

Poussée par la chambre régionale des comptes,

même la ville d'Argenteuil a accepté de relever la durée moyenne de travail de ses personnels de quelque 70 heures pour ses 2 400 agents jusqu'à la durée théorique légale (en 2015 ils étaient à 1 530 heures par an pour les hommes et à 1 522,8 heures pour les femmes). Incroyable mais vrai, Paris commence aussi à chercher des solutions. Mais rassurons-nous, les agents de la Ville Lumière ont toujours 55 jours de congés au total par an.

À Suresnes, la ville a eu le courage de mettre en place une prime de présentéisme pour ses agents.

Sur le plan national, de très bonnes choses ont été faites aussi : rétablissement du jour de carence dans la fonction publique à partir du 2e jour, baisse d'un tiers du nombre de parlementaires à venir, suppression de la réserve parlementaire (120 millions d'euros), meilleur contrôle des conflits d'intérêt et interdiction des emplois familiaux au Parlement, un début de flexibilisation du Code du travail avec les ordonnances de septembre 2017, baisse de l'IS, mise en place d'un prélèvement forfaitaire unique, baisse de l'assiette de l'ISF par sa transformation en IFI, beaucoup de bonnes mesures, prises rapidement et efficacement, mais c'est encore picrocholin par rapport à l'Everest qu'il faut monter pour rendre notre pays à nouveau compétitif.

Le gouvernement et l'administration doivent garder en mémoire les 8 objectifs suivants : une fiscalité à 40 % du PIB ; des dépenses publiques à 50 % ; un coût de fonctionnement des administrations à 25 % du PIB ; une masse salariale à 11 % ; 6 % de chômage ; 74 % de taux d'emploi ; 10 000 communes et interco ; 115 000 élus max ; la retraite à 67 ans... Des objectifs qui nous permettraient simplement de revenir au niveau de la moyenne européenne[1].

Un esprit éclairé me disait l'autre jour : « Y a-t-il un autre pays au monde où l'on travaille 35 heures payées 39 avec la retraite à 62 ans et 6 à 7 semaines de congés payés (fériés compris) ? En économie comme ailleurs, on ne peut avoir le beurre et l'argent du beurre ! » Pour rendre la France compétitive, il ne suffira pas de dire « *France is back* » ou « *Choose France !* » et de louer la « *French Tech* » ; cela ne fait baisser ni les impôts ni les dépenses. Il est temps de faire tomber nos œillères.

Problème ? Le gouvernement tombe aussi dans le panneau des fausses réformes et complique un peu plus chaque jour la vie des Français. La réforme de la formation professionnelle qui ne simplifie rien et conserve des structures avec des emplois quasi fictifs, le prélèvement à la source, la réforme de la taxe d'habitation avec sa cascade d'augmentations d'impôts en vue, faire respecter les décisions de reconduite à la frontière des déboutés du droit d'asile tout en baissant les cré-

1. Voir annexe 11.

dits alloués, l'évaluation de la charge administrative qui pèse sur les entreprises mais surtout sans la chiffrer (cela ferait trop mal). Nous vivons en plein choc de complexité avec ce qui va de pair, l'opacité reine. Le risque est grand de dégoûter nos concitoyens de la démocratie.

Les négociations entre État et corps intermédiaires sont compliquées, les syndicats font presque tout pour rendre le consensus impossible, les blocages administratifs sont innombrables. Le pianiste fait ce qu'il peut, il n'en reste pas moins que l'impression générale est celle d'une terrible impuissance. Impuissance à éclairer suffisamment le projet gouvernemental, à en faire la pédagogie, impuissance à ne pas se perdre dans les détails technocratiques, impuissance à vaincre les résistances provenant tant des corps intermédiaires que de sa propre administration. Bien intentionné, mais embourbé.

Sortir de l'immobilisme ? Le tournant du quinquennat, en tout cas, se joue maintenant.

ANNEXES

ANNEXE 1

Les réformes 2017-2018

1. Moralisation de la vie publique	Suppression de la réserve parlementaire, renforcement des règles et des contrôles sur les conflits d'intérêts et interdiction des emplois familiaux pour les parlementaires. Réforme de l'IRFM.
2. Réforme du Code du travail	Ouverture des options de négociation au sein de l'entreprise, plafonnement des dommages et intérêts aux prud'hommes, fusion des IRP, etc.
3. Poursuite du prélèvement à la source	Décalage d'un an voté dans le budget 2018 de la mise en place du prélèvement à la source, effectif à partir du 1er janvier 2019.
4. Prélèvement forfaitaire unique	Mise en place d'un prélèvement unique sur les revenus du capital, 30 %.
5. Baisse de l'impôt sur les sociétés	Baisse progressive de l'impôt sur les sociétés : 25 % en 2022.
6. Exonération de la taxe d'habitation	Mise en place d'un dégrèvement de la taxe d'habitation sur la résidence principale des foyers dont les ressources n'excèdent pas 27 000 euros.
7. Jour de carence	Rétablissement d'un jour de carence dans la fonction publique.
8. Baisse des cotisations, hausse de la CSG	Baisse des cotisations maladie et des cotisations chômage des salariés, des indépendants et des agents publics et financement de cette mesure par une augmentation de 1,7 point de la CSG sur une base beaucoup plus large (revenu du capital, revenu de remplacement, retraite).
9. RSI	Suppression de la caisse qui gère le RSI et adossement au régime général.

10. Transformation de l'ISF en IFI	L'impôt de solidarité sur la fortune (ISF) a été transformé en impôt sur la rente immobilière.
11. Objectif : 2 % du PIB pour le budget de l'armée	Hausse des crédits de paiement de 1,7 milliard d'euros par an de 2019 à 2022, puis de 3 milliards jusqu'en 2023 pour atteindre les 2 % du PIB.
12. Réforme du logement	Baisse des APL, augmentation des moyens du NPRU, prolongation du dispositif Pinel, recentrage du prêt à taux zéro, etc.
13. Contractualisation avec les collectivités territoriales	Lancement d'une procédure de contractualisation entre l'État et les collectivités sur des critères de gestion afin de baisser les dépenses de 13 milliards d'euros.
14. Garantir le droit d'asile et mieux maîtriser les flux migratoires	Augmentation des délais de rétention, renforcement des procédures d'éloignement, simplification des conditions d'exercice de la justice dans le cadre du maintien en zone d'attente, etc.
15. Mise en place d'un droit à l'erreur	Reconnaissance d'un droit à l'erreur dans la loi pour les particuliers et les entreprises.
16. Renforcer la sécurité intérieure et la lutte contre le terrorisme	Sortie de l'état d'urgence et réorganisation de l'opération *Sentinelle*.
17. Réforme de l'apprentissage, de la formation professionnelle et de l'assurance chômage	Ouverture sous condition de l'assurance chômage aux démissionnaires et aux indépendants, fusion de la taxe d'apprentissage et de la taxe pour la formation professionnelle, suppression des organismes collecteurs paritaires.
18. Réforme de la SNCF	Reprise de la dette SNCF à hauteur de 35 milliards d'euros par l'État, fin du recrutement sous statut pour les nouveaux entrants, ouverture à la concurrence.
19. Réforme constitutionnelle	Baisse d'un tiers du nombre de parlementaires, transformation du CESE et introduction d'une part de proportionnelle.
20. Loi Pacte, pour la transformation des entreprises	Privatisations d'ENGIE, d'Aéroports de Paris et de la Française des jeux, refonte des aides aux entreprises, réforme des seuils sociaux.

ANNEXE 2

Ça va mieux ? Quelques données illustrant la situation économique de la France dans la zone euro

Taux de chômage en 2017
dans les pays membres de la zone euro

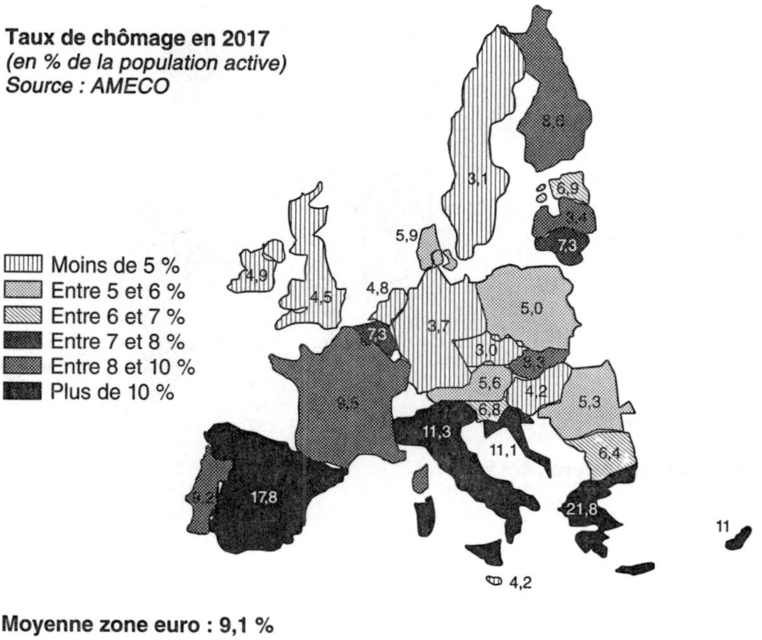

Moyenne zone euro : 9,1 %

Solde extérieur en points de PIB en 2017 des pays membres de la zone euro

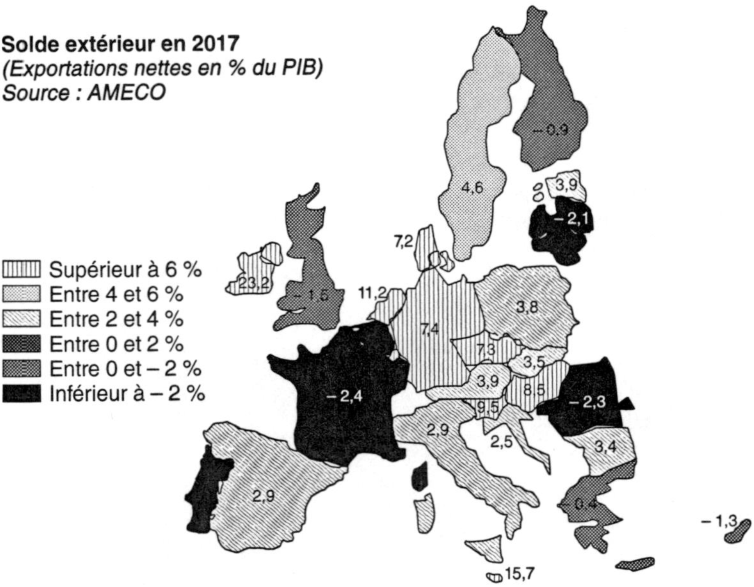

Moyenne zone euro : 4,2 %

Dette publique en points de PIB en 2017 des pays membres de la zone euro

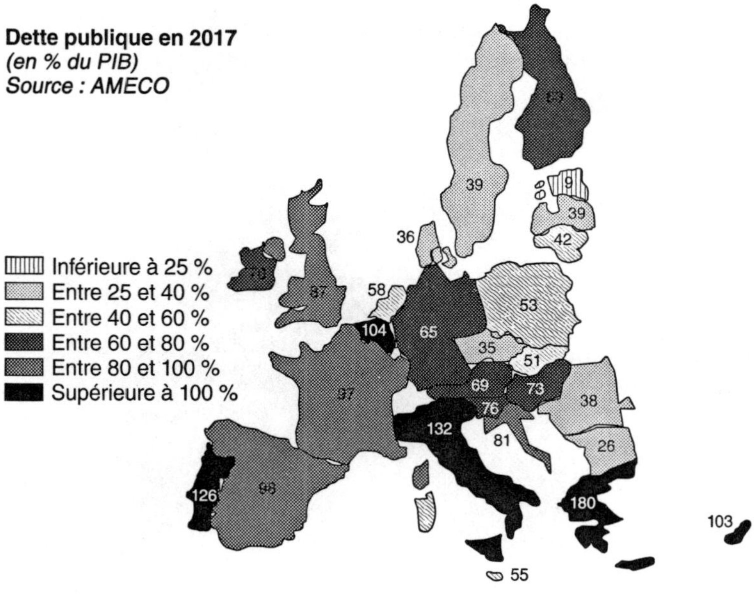

Moyenne zone euro : 89 %

Taux de prélèvements obligatoires en 2017 des pays membres de la zone euro

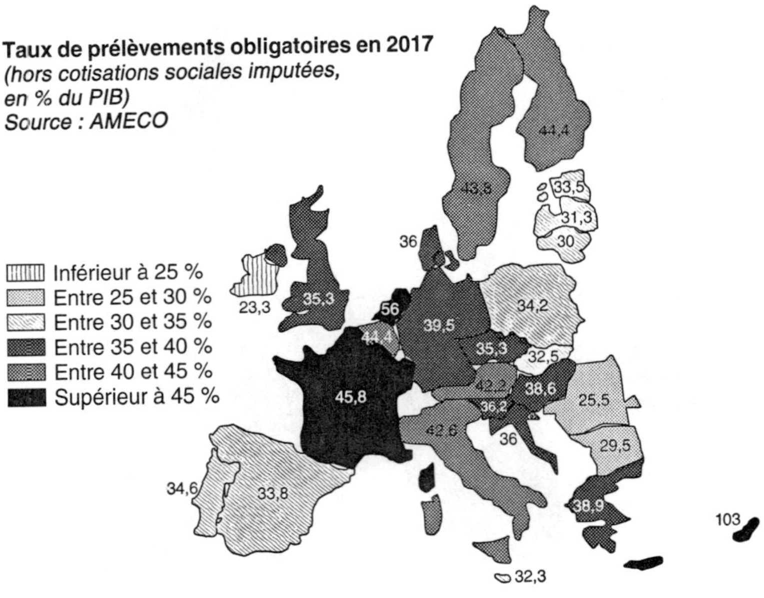

Moyenne zone euro : 40,4 %

Les dépenses publiques en 2017 des pays membres de la zone euro

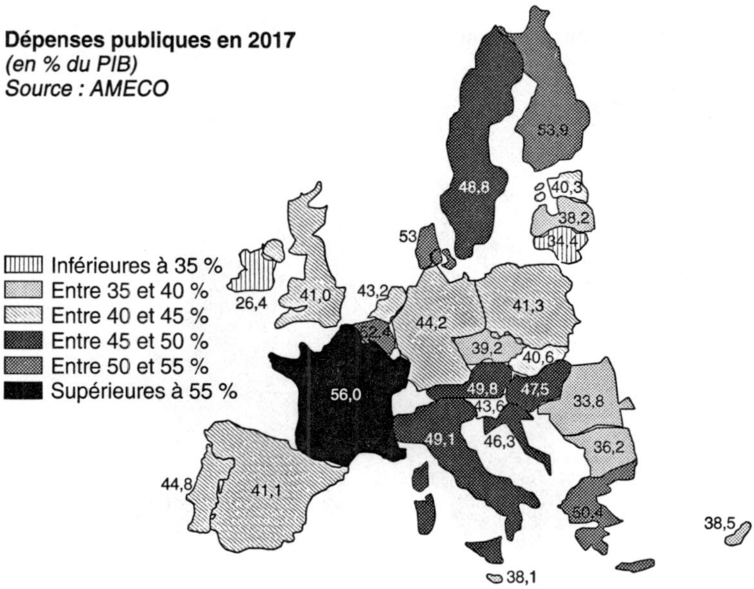

Moyenne zone euro : 47,2 %

Les soldes publics en 2017
des pays membres de la zone euro

Solde des administrations publiques en 2017
(en % du PIB)
Source : AMECO

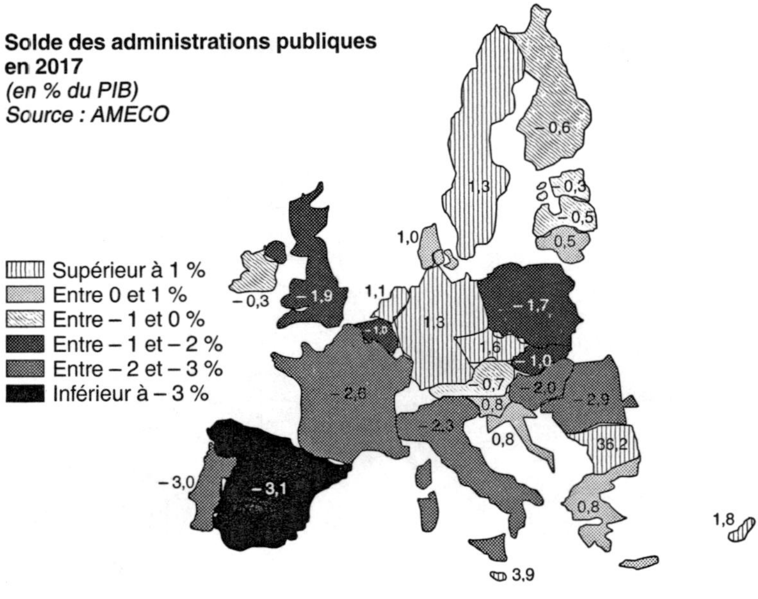

Moyenne zone euro : -0,9 %

Source : Eurostat

ANNEXE 3

Demande de publication du bilan social et des comptes de l'ENA. Réponse de la CADA

Liberté • Égalité • Fraternité
RÉPUBLIQUE FRANÇAISE

COMMISSION D'ACCÈS
AUX DOCUMENTS ADMINISTRATIFS

Cada

Le Président

Avis n° 20181230 du 28 juin 2018

Madame [redacted] pour le compte de la Fondation pour la recherche sur les administrations et les politiques publiques (Fondation IFRAP), a saisi la commission d'accès aux documents administratifs, par un courrier enregistré à son secrétariat le 9 mars 2018, du refus opposé par le directeur de l'Ecole Nationale d'Administration (ENA) à sa demande de copie, sur support papier ou en version électronique, des documents suivants :
1) le dernier bilan social, établi conformément aux dispositions de l'article 37 du décret n° 2011-184 du 15 février 2011 relatif aux comités techniques dans les administrations et les établissements publics de l'État et de l'arrêté du 23 décembre 2013 fixant la liste des indicateurs contenus dans le bilan social ;
2) le dernier compte d'exécution budgétaire.

La commission estime que le document mentionné au point 2) de la demande, sous réserve qu'il ait été approuvé par le conseil d'administration de l'école, est communicable à toute personne qui en fait la demande en vertu de l'article L311-1 du code des relations entre le public et l'administration.

En ce qui concerne le document mentionné au point 1) de la demande, la commission note que le bilan social annuel que l'article L2323-20 du code du travail impose à toute entreprise de plus de 300 salariés d'établir chaque année en vue de la consultation du comité d'entreprise sur la politique sociale de l'entreprise, prévue à l'article L2323-15 du même code et afin d'être mis à disposition de tout salarié qui le demande, comme le prévoit l'article L2323-24 de ce code, comporte, selon les termes de l'article L2323-22 de ce code, « des informations sur l'emploi, les rémunérations et charges accessoires, les conditions de santé et de sécurité, les autres conditions de travail, la formation, les relations professionnelles, le nombre de salariés détachés et le nombre de travailleurs détachés accueillis ainsi que sur les conditions de vie des salariés et de leurs familles dans la mesure où ces conditions dépendent de l'entreprise ». Le contenu obligatoire du bilan social est détaillé à l'article R2323-17 de ce code.

La commission estime que, dans le cas de l'ENA, dont la mission de service public consiste principalement à recruter et former, avant leur prise de fonctions, ou tout au long de leur carrière, des hauts fonctionnaires français et étrangers, les nombreux indicateurs statistiques et comptables du bilan social, relatifs à la situation et à l'évolution, au sein de l'établissement public administratif, de l'emploi, des rémunérations, de la santé, de la formation, des relations sociales et des autres conditions de travail permettent d'apprécier la bonne gestion des deniers publics et l'efficacité avec laquelle l'établissement remplit ses missions. La commission considère que, dans cette mesure, le bilan social de l'ENA est au nombre des documents qui décrivent les conditions dans lesquelles elle exerce sa mission de service public et revêt à ce titre le caractère d'un document administratif au sens de l'article L300-2 du code des relations entre le public et l'administration.

La commission constate par ailleurs qu'aucune des informations mentionnées obligatoirement dans le bilan social, sous la forme d'indicateurs statistiques ou comptables anonymes et agrégés, ne relève d'un intérêt protégé par l'article L311-6 du même code. Elle estime, par suite, que ce bilan social est communicable à toute personne qui en fait la demande, en application de l'article L311-1 de ce code.

La commission émet, dès lors, un avis favorable à la demande et prend note de l'intention du directeur de l'ENA de satisfaire prochainement la demande.

Pour le Président
et par délégation

Pearl NGUYEN-DUY
Rapporteur général
Premier conseiller à la cour administrative d'appel de Paris

ANNEXE 4

Nombre de demandeurs d'asile en Europe

	2016	2017	Variation 2016/2017	Var %	2018 (6 premiers mois)
Belgique	18.282	18.342	+ 60	0,33 %	8.562
Allemagne	745.152	222.562	– 522.590	– 70,13 %	78.978
Grèce	51.106	58.650	+ 7.544	14,76 %	18.618
Espagne	15.759	34.152	+ 18.393	116,71 %	14.050
France	84.265	99.332	+ 15.067	17,88 %	36.861
Italie	122.960	128.848	+ 5.888	4,79 %	23.298
Suède	28.792	26.327	– 2.465	– 8,56 %	5.487
Royaume-Uni	39.735	33.781	– 5.954	– 14,98 %	13.987
Total UE	1.260.911	708.583	– 552.328	– 43,80 %	229.695

Source : Eurostat ; Asylum and first time asylum applicants by citizenship, age and sex Monthly data (rounded) – Juillet 2018.

ANNEXE 5

Dette publique

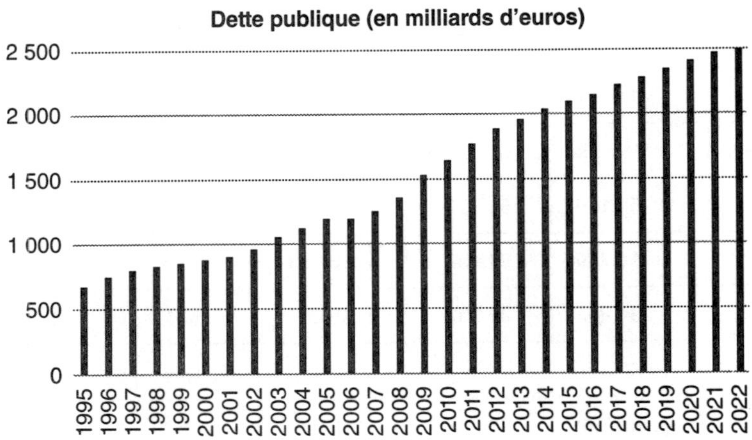

Source : INSEE, 1995-2016. Projection iFRAP, 2017-2022.

ANNEXE 6

Évolution du nombre d'agents publics et de la masse salariale publique

Effectifs (en milliers) et évolutions (en %) par collectivité territoriale

	Effectifs 2014	Effectifs 2015	Effectifs 2016	Évolution 2014-2015	Évolution 2015-2016
	en milliers			en %	
Organismes communaux	**1 168,1**	**1 152,7**	**1 140,1**	**– 1,3**	**– 1,1**
Communes	1 034,8	1 021,9	1 011,5	– 1,3	– 1,0
Établissements communaux	133,3	130,8	128,6	– 1,9	– 1,7
Organismes intercommunaux	**274,1**	**288,0**	**299,8**	**3,7**	**4,1**
EPCI à fiscalité propre	208,4	221,7	233,2	4,6	5,2
Autres groupements intercommunaux sans fiscalité propre	65,8	66,4	66,6	0,9	0,3
Organismes départementaux	**362,6**	**358,5**	**351,2**	**– 0,1**	**– 0,7**
Départements	295,3	291,5	284,3	0,0	– 0,8
Établissements publics départementaux	67,3	67,0	66,8	– 0,3	– 0,3
Régions, y c. collectivités uniques de Guyane et Martinique en 2016	**81,5**	**81,9**	**86,3**	**0,5**	**– 0,6**

	Effectifs 2014	Effectifs 2015	Effectifs 2016	Évolution 2014-2015	Évolution 2015-2016
	en milliers			en %	
Autres	**8,4**	**8,2**	**8,4**	**– 2,2**	**2,9**
Ensemble hors bénéficiaires de contrats aidés (1)	**1 894,7**	**1 889,3**	**1 885,8**	**– 0,3**	**– 0,2**
Bénéficiaires de contrats aidés (2)	86,8	94,9	91,4	9,4	– 3,8
Ensemble (1) + (2)	**1 981,5**	**1 984,2**	**1 977,2**	**0,1**	**– 0,4**

Source : DGCL, BIS, 121.

Effectifs (en milliers) et évolutions (en %) par versant de la fonction publique et par statut

	Effectifs physiques en milliers	2011	2012	2013	2014	2015	2016	Évolution 2015-16	Évolution sur 6 ans
Fonction publique de l'État	Fonctionnaires	1 552	1 539	1 529	1 538	1 542	1 546	0,22%	– 0,39%
	Militaires	318	313	310	303	300	305	1,70%	– 4,05%
	Contractuels	348	352	370	376	379	397	4,80%	14,14%
	Autres catégories et statuts	181	178	176	176	176	178	1,13%	– 1,33%
	Bénéficiaires de contrats aidés	68	69	91	83	79	76	– 3,78%	13,19%
	FPE (hors contrats aidés)	**2 399**	**2 382**	**2 385**	**2 393**	**2 398**	**2 427**	**1,20%**	**1,16%**
	Total FPE	2 466	2 451	2 476	2 476	2 477	2 503	1,04%	1,49%
Fonction publique territoriale	Fonctionnaires	1 410	1 430	1 453	1 468	1 472	1 469	– 0,20%	4,21%
	Contractuels	360	370	363	364	356	357	0,22%	– 0,75%
	Autres catégories et statuts	61	63	63	62	61	60	– 2,13%	– 2,61%
	Bénéficiaires de contrats aidés	51	50	73	87	95	91	– 3,69%	78,86%
	FPT (hors contrats aidés)	1 831	1 862	1 879	1 895	1 889	1 886	– 0,19%	3,01%
	Total FPT	**1 882**	**1 913**	**1 952**	**1 981**	**1 984**	**1 977**	**– 0,35%**	**5,07%**
Fonction publique hospitalière	Fonctionnaires	825	830	836	838	836	833	– 0,42%	0,98%
	Contractuels	194	193	199	203	205	213	3,56%	9,81%
	Autres catégories et statuts	111	115	118	120	122	122	0,41%	10,00%
	Bénéficiaires de contrats aidés	16	16	20	23	23	22	– 7,30%	36,71%
	FPH (hors contrats aidés)	1 129	1 137	1 153	1 161	1 163	1 168	0,37%	3,38%
	Total FPH	**1 145**	**1 153**	**1 173**	**1 184**	**1 187**	**1 189**	**0,22%**	**3,84%**
Trois versants de la fonction publique	Fonctionnaires	3 787	3 798	3 818	3 844	3 851	3 848	– 0,08%	1,62%
	Militaires	318	313	310	303	300	305	1,70%	– 4,05%
	Contractuels	901	914	932	943	940	967	2,80%	7,27%
	Autres catégories et statuts	353	356	.57	358	359	360	0,33%	2,01%
	Bénéficiaires de contrats aidés	134	135	184	192	198	189	– 4,15%	2,26%
	Total 3 FP hors contrats aidés	5 359	5 382	5 417	5 449	5 451	5 480	0,54%	2,26%
	Total 3 FP	**5 493**	**5 517**	**5 601**	**5 641**	**5 648**	**5 669**	**0,38%**	**3,21%**

Lecture : le nombre de fonctionnaires de la FPH s'établit à 832 900 fin 2016 ; il a baissé de 0,4 % entre fin 2015 et fin 2016.
Champ : postes principaux au 31 décembre (définitions), y compris bénéficiaires de contrats aidés, France (hors Mayotte).
Source : INSEE, SIASP.

Dépenses et recettes des administrations publiques : rémunération des agents, 2009 à 2017

Rémunération des salariés (D1) dont	**2009**	**2010**	**2011**	**2012**	**2013**	**2014**	**2015**	**2016**	**2017**
Rémunération des salariés APU	**254,1**	**259,8**	**263,6**	**268,5**	**273,1**	**278,5**	**281,3**	**283,9**	**290,1**
Rémunération des salariés (APUC)	**129,6**	**132,2**	**133,3**	**134,8**	**135,8**	**136,8**	**137,6**	**139,1**	**142,2**
dont État	117,9	116,9	117,1	118,1	118,6	119,3	119,8	121,3	124,2
dont ODAC	11,7	15,2	16,1	16,7	17,2	17,5	17,8	17,9	18,0
Rémunération des salariés APUL	67,1	68,9	70,4	72,6	75,0	77,7	79,1	79,7	81,5
dont Collectivités territoriales	53,5	54,9	56,3	58,2	60,1	62,4	63,8	64,1	65,8
dont Communes	39,3	40,3	41,4	42,9	44,3	46,2	47,3	47,4	
dont Départements	9,7	10,0	10,2	10,4	10,8	11,0	11,1	11,0	
dont Régions	2,6	2,7	2,8	2,9	3,0	3,1	3,2	3,5	
dont syndicats (EPCI etc.)	1,9	1,9	1,9	2,0	2,0	2,1	2,1	2,1	
dont ODAL (caisses des écoles)	13,5	14,0	14,0	14,4	14,9	15,3	15,3	15,6	15,7
Rémunération des salariés des ASSO	57,4	58,8	60,0	61,1	62,3	64,0	64,6	65,1	66,4
dont régimes de sécurité sociale	9,9	9,8	9,9	10,0	10,0	10,1	10,0	9,8	9,9
dont ODASS (hôpitaux, Pôle emploi, etc.)	47,6	49,0	50,0	51,1	52,3	53,9	54,7	55,3	56,5

Source : INSEE.

Dépenses et recettes des administrations publiques : rémunération des agents, avec projection 2017-2022

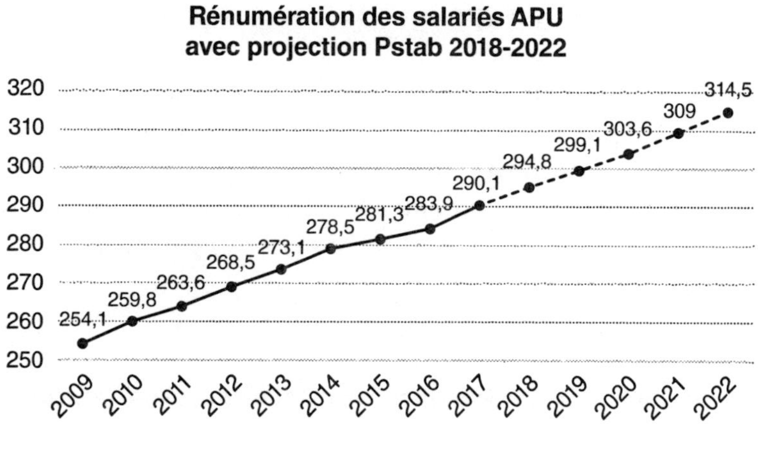

Source : INSEE.

ANNEXE 7

Document interne à l'Assemblée nationale sur la retraite des fonctionnaires de l'Assemblée nationale

La pension de retraite d'un fonctionnaire de l'Assemblée nationale se calcule sur la base d'une assiette de cotisation multipliée par la valeur du point d'indice, à laquelle s'appliquent le nombre d'annuités et la valeur de celles-ci.

À la différence de la fonction publique d'État, il n'existe pas de régime de retraite additionnelle par points permettant l'intégration de primes dans l'assiette de calcul de la retraite, mais celle-ci, plus large (154,8 % du traitement de base), inclut une part des indemnités.

Retraite des fonctionnaires, montant mensuel net (euros)
(valeur janvier 2016)

Catégorie/Durée service	5 années	10 années	15 années
Agent	248	501	844
Assistant direction et gestion	262	568	1 022
Administrateur adjoint	305	679	1 244
Administrateur	406	909	1 768

ANNEXE 8

Document interne à l'Assemblée nationale sur l'indemnité des fonctionnaires de l'Assemblée nationale

Rémunérations mensuelles nettes moyennes (en euros)		% catégories dans total rémunérations nettes
Catégories C		
Gardiens-surveillants	4 749	3,58 %
Agents	4 921	27,15 %
Employés des restaurants du 2e (cuisiniers, serveurs)	5 054	2,75 %
Ouvriers professionnels de 2e catégorie (menuisiers, serruriers, tapissiers, plombiers)	5 120	1,86 %
Catégories B		
Assistants de direction et de gestion et assimilés	5 702	16,80 %
Ouvriers professionnels de 3e catégorie (électromécaniciens)	6 053	0,68 %
Employés de restaurants de 3e catégorie (maîtres d'hôtel, économes)	6 452	0,72 %
Catégories A		
Administrateurs adjoints et assimilés	6 747	12,25 %
Employés des restaurants de 4e catégorie (chefs de cuisine)	6 007	0,42 %

<table>
<tr><th colspan="3">Rémunérations mensuelles nettes moyennes
(en euros)</th><th>% catégories dans total rémunérations nettes</th></tr>
<tr><td>Adjoints au responsable des applications</td><td colspan="2">8 061</td><td>0,23 %</td></tr>
<tr><td>Ingénieurs et architectes en chef</td><td colspan="2">8 386</td><td>0,23 %</td></tr>
<tr><td>Ingénieurs informaticiens</td><td colspan="2">8 645</td><td>0,24 %</td></tr>
<tr><td>Rédacteurs de comptes rendus</td><td colspan="2">10 168</td><td>8,24 %</td></tr>
<tr><td rowspan="2">Administrateurs</td><td>Administrateurs non encadrants (administrateurs ou conseillers chargés de mission)</td><td>8 721</td><td>24,86 %</td></tr>
<tr><td>Administrateurs encadrants (chefs de division ou directeurs)</td><td>13 370</td><td></td></tr>
<tr><td></td><td colspan="2"></td><td>100 %</td></tr>
<tr><td colspan="4">Le pourcentage du traitement de base dans la rémunération totale varie entre 34 et 35 % selon les catégories</td></tr>
</table>

ANNEXE 9

Baisses de dépenses / Hausse des recettes – CAP 2022

CAP 2022	Les économies/recettes identifiées et documentées	Économies	Recettes	Effet solde
Transformer les services publics	Réduire le renoncement aux soins, améliorer l'espérance de vie, désengorger l'hôpital	5		5
	Retarder l'entrée dans la dépendance et mieux prendre en charge les personnes concernées	0,3		0,3
	Réduire les inégalités et placer la France dans les 10 meilleurs systèmes éducatifs mondiaux	0,3		0,3
	Mettre le demandeur d'emploi en capacité de construire sa recherche d'emploi	0,35		0,35
	Se loger mieux à moindre coût	1,4	1,6	3
	Simplifier les dispositifs sociaux au titre de la solidarité nationale et mieux accompagner ceux qui en ont besoin	(*)	(*)	(*)
	Simplifier et diminuer le coût du dispositif de recouvrement des prélèvements obligatoires	1		1
	Aller vers une société « zéro cash » pour simplifier les paiements tout en luttant mieux contre la fraude fiscale		(**)	(**)
	Concentrer l'offre audiovisuelle publique sur le soutien à la création et l'information	0,4		0.4

CAP 2022	Les économies/recettes identifiées et documentées	Économies	Recettes	Effet solde
Éviter les dépenses publiques inutiles	Supprimer les doublons et améliorer le partenariat entre l'État et les collectivités territoriales	1		1
	Renforcer la cohérence de l'action publique territoriale	(**)		(**)
	Mettre un terme à toutes les interventions publiques dont l'efficacité n'est pas démontrée (***)	1	4	5
	Mutualiser davantage l'achat public et développer les externalisations(****)	1,2	1,8	3
	Faire payer directement l'usager de certains services publics	0,4	1,9	2,3
	Total	**12.35**	**9,3**	**21,65**

Note de lecture :

- * Plusieurs milliards d'économies non chiffrées annulés par la suppression de non recours
- ** Économies ou rentrées fiscales supplémentaires difficiles à chiffrer
- *** En réalité 7 milliards de fiscalité supplémentaire compensée par la suppression de 3 milliards de petites taxes
- **** Solde plus proche des 1.5 milliard à cause du réinvestissement de 50 % dans l'enveloppe de programmation militaire

ANNEXE 10

Écarts de retraite public/privé : cas concret

Retraite : le match privé/public

	Marie	Bernard	Patricia	Éric
Fonction	Employée (cat C)	Secrétaire administratif (cat B)	Professeur certifié (cat A)	Agent de maîtrise
Entrée dans la fonction publique	1972	1980	1982	à la SNCF depuis 1970
Salaire mensuel				
Brut	2 032 €	2 656 €	4 096 €	Représentent 90 % de la rémunération
Primes	+ 372,50 €	+ 515 €	+ 429 €	
Revenu mensuel total	**2 404,50 €**	**3 171 €**	**4 526 €**	**3 568 €**
Pension retraite actuelle				
Fonction publique de l'État	1 524 €	1 992 €	3 072 €	
Prime mensuelle	+ 20,33 €	+ 31,83 €	+ 32 €	
Total pension	**1 544,33 €**	**2 024 €**	**3 104 €**	**2 409 €**
Pension retraite si régime unique				
Sur le brut	1 373 €	1 729 €	2 419 €	2 147 €
TOTAL avec primes	1 603 €	1 958 €	2 767 €	2 246 €
Différence	**+ 58,67 €**	**– 66 €**	**– 337 €**	**– 163 €**

Champ : 4004 personnes nées entre 1954 et 2002 ayant validé 80 trimestres dans la fonction publique. L'application du régime obligatoire du privé sur un taux plein sans décote ni surcote sur la base du salaire annuel moyen (salaire brut sans primes, et salaire brut avec primes). Avec le salaire brut seul, la pension moyenne serait inférieure de 21 % à celle obtenue sous le régime de la FPE avec 95 % de perdants. En incluant les primes, la baisse serait de 7 % sur les pensions et il y aurait 66 % de perdants.

Sources : Drees, EIC 2009 – Traitements : Fondation iFRAP

ANNEXE 11

Les 8 objectifs à atteindre (et comment les atteindre)

Objectif n° 1 : un taux de prélèvements obligatoires à 40 % du PIB

Que faut-il faire ?

- Suppression des petites taxes et interdiction des taxes rapportant moins de 100 millions : gain de 3,2 milliards d'euros.
- Mener une véritable politique de baisse de la fiscalité : – 77,5 milliards d'euros potentiels.
  - Baisse des impôts sur la production : – 50,6 milliards d'euros.
  - Suppression du reliquat de cotisations sociales familles, de cotisations solidarité autonomie et aide au logement (FNAL) : – 22,7 milliards d'euros.
  - Baisse des impôts sur le revenu : – 20,3 milliards d'euros.
  - Hausse des impôts sur certains produits et hausse de la TVA : + 16,1 milliards d'euros.

Objectif n° 2 : un taux de dépenses publiques à 50 % du PIB (pour un coût de fonctionnement des administrations à 25 % du PIB)

Que faut-il faire ?

- Instaurer la responsabilité financière des ministres sur leur ministère.
- Mettre en place des critères de bonne gestion locale et un bonus/malus pour les collectivités.
- Mener une véritable politique de réduction des dépenses publiques : 80 milliards d'euros potentiels.
  - Au niveau de l'État : 20 milliards d'euros d'économies possibles sur les achats de l'État, la mise en place d'une politique de non-renouvellement de certains postes, la suppression du supplément familial de traitement, le maintien du gel du point d'indice, la suppression des compléments de rémunération dans les DOM, la réduction du niveau de l'aide médicale d'État, la baisse des subventions d'investissement sur HLM, la suppression d'au moins 42 sous-préfectures et la rationalisation de notre réseau diplomatique (notamment en Europe).
  - Au niveau des opérateurs, du CESE, des CESER et des associations : 6,5 milliards d'euros d'économies possibles avec la mise sous contrainte des opérateurs de l'État pour réduire leurs coûts, une politique de non-renouvellement de certains postes, la réduction des subventions au cinéma, la suppression du CESE et des CESER

et la réduction de 5 % des subventions aux associations.

- Au niveau des collectivités territoriales : 10 milliards d'euros d'économies possibles en mettant fin à l'action extérieure des collectivités locales, avec la mise en place d'une politique de non-renouvellement de certains postes, la suppression du supplément familial de traitement, le maintien du gel du point d'indice et la lutte contre l'absentéisme des agents (augmentation à 3 jours de carence).
- Au niveau des dépenses de protection sociale : 50 milliards d'euros d'économies possibles avec le développement de la chirurgie ambulatoire, la fusion et la mise en concurrence des caisses, la mise en place d'une politique de non-renouvellement de certains postes dans la fonction publique hospitalière et au sein des divers organismes de la Sécurité sociale, la suppression du supplément familial de traitement, le maintien du gel du point d'indice, l'alignement du régime des intermittents du spectacle sur celui des intérimaires, une plus forte dégressivité des allocations chômage et la réduction du temps d'allocation à 18 mois, l'alignement des régimes de retraites public/privé (échéance à 10 ans), la mise en place d'une allocation sociale unique (avec la fusion des prestations, la fin du cumul et un meilleur suivi des foyers).

Objectif n° 3 : une dépense publique totale pour les retraites à 12 % du PIB

Que faut-il faire ?

- Aligner les règles des régimes de retraites du public sur le régime du privé et notamment, supprimer les différents avantages dont bénéficie aujourd'hui le public (catégories actives, réversion, bonifications, etc.).
- Report de l'âge d'un quadrimestre par an pour tous les salariés à partir du 1er janvier 2020 soit 65 ans en 2028.
- Mise en place progressive d'un compte unique en points pour tous les actifs, sur lequel seront cumulés les points acquis dans les différents régimes en contrepartie des cotisations.
- Dès 2021, l'embauche de tous les nouveaux cotisants, privé, public (en intégrant les primes), entreprises publiques, se fera sous le nouveau régime du compte unique en points.
- Une part de capitalisation obligatoire doit être instaurée (2 points en plus des 20 points de cotisations).
- Dès 2022 (cohortes de 1956), tous les salariés du privé bénéficieront d'un système unique en points. Les droits non contributifs (familiaux, réversion par exemple) seront transférés dans une caisse à part (le plus simple étant de les rassembler dans le FSV qui rassemble déjà les droits non contributifs relatifs aux pensions minimales et les validations de cotisations pour le chômage, la maladie, etc.).

Objectif n° 4 : une masse salariale publique à 11 % du PIB

Que faut-il faire ?

- Fixer le temps de travail à temps plein à 1 750 heures dans le privé et dans le public (mettre fin au régime dérogatoire au-dessous des 35 heures qui est encore actif dans la fonction publique locale).
- Inversion du principe de l'emploi statutaire dans la fonction publique.
- Politique de réduction des embauches dans les fonctions publiques pour passer de 5,8 millions à 5,4 millions d'agents pour économiser 15,3 milliards d'euros.
  - Au niveau de l'État : gel complet des embauches pendant 2 ans (hors régalien : + 18 000 embauches) puis mise en place d'une politique de non-remplacement des départs à la retraite de 1 sur 3 (hors régalien : + 27 000 embauches). Au total : environ 100 000 postes supprimés pour un effectif de 1,891 million d'agents.
  - Au niveau des opérateurs de l'État : gel complet des embauches pendant 5 ans pour supprimer 88 500 postes.
  - Au niveau de la fonction publique territoriale : mise en place d'une politique de non-remplacement des départs à la retraite de 1 sur 2 pendant 3 ans, suivi d'un gel complet des embauches pendant 2 ans. Objectif : 194 000 postes supprimés pour un effectif de 1,787 million d'agents.
  - Au niveau de la fonction publique hospita-

lière : mise en place d'une politique de non-remplacement des départs à la retraite de 1 sur 3 et avec l'objectif d'un effectif de 1,143 million d'agents.
– Au niveau des organismes de la Sécurité sociale et de la gestion paritaire : mise en place d'une politique de non-remplacement des départs à la retraite de 2 sur 3 pour supprimer 15 000 postes.

Objectif n° 5 : un taux de chômage à 6 %

Que faut-il faire ?

- Refonte des modalités de versement des indemnités chômage :
  - Revoir le ratio d'éligibilité des droits et taux de transformation : passer à 6 mois la durée d'affiliation et réduire la période de référence de 28 à 18 mois.
  - Alignement du régime des intermittents du spectacle sur celui des intérimaires.
  - Mise en place d'une plus forte dégressivité des allocations chômage (voire d'une baisse du taux de remplacement).
  - Supprimer les revenus de remplacement se rapprochant des revenus du travail ou supérieurs.
  - Instituer une assurance universelle avec l'ouverture des cotisations et des droits aux agents publics.
- Régionaliser Pôle emploi dans les 13 nouvelles régions afin que ces dernières mettent en place un service public d'accompagnement des demandeurs d'emploi plus efficace avec une collectivité ayant autorité pour coordonner tous les acteurs et

les moyens en matière de formation, de suivi et de placement de demandeurs d'emploi et qui puisse définir une stratégie territoriale de développement économique adéquate.

Objectif n° 6 : un taux d'emploi à 74 %

Que faut-il faire ?

- Relever toutes les obligations liées au seuil de 20 à 50 et de 50 à 250 salariés.
- Flexibiliser le marché du travail :
  - Multiplier les types de contrat, notamment autoriser les renouvellements de CDD, quelle que soit la durée de chaque période, jusqu'à un total de 6 ans comme dans le secteur public et supprimer la pénalisation financière applicable aux CDD.
  - Créer un SMIC régional dont le montant pourrait être déterminé au niveau des régions.
  - Créer un SMIC jeunes applicable jusqu'à l'âge de 21 ans.
  - Mettre fin au monopole syndical de désignation des candidats au premier tour des élections professionnelles, qui veut que seuls les syndicats « représentatifs », ayant obtenu 10 % aux dernières élections, puissent présenter des candidats.

Objectif n° 7 : rationaliser le nombre des communes et intercommunalités à 10 000

Que faut-il faire ?

- Supprimer les départements.
- La loi sur le regroupement des communes prend fin le 31 décembre 2018 : avant, fixer le nombre

minimal d'habitants par commune à 5 000 pour le 1er janvier 2020 dans le cadre d'une réforme constitutionnelle.
- Acte VI de la décentralisation des compétences (transfert des compétences des départements et des intercommunalités notamment).

Objectif n° 8 : 115 000 élus au maximum

Que faut-il faire ?
- Supprimer les strates intercommunales et départementales.
- Réduire le nombre de maires et de conseillers municipaux mais mieux les indemniser en regroupant les communes de façon à atteindre 5 000 habitants au minimum.
- Enfin, pour permettre le renouvellement de la vie politique, il faut introduire une limitation des mandats dans le temps pour tous les élus (2 ou 3 consécutifs) et au même titre l'obligation de démission de la fonction publique dans le cadre d'un engagement politique d'un agent public.

Remerciements

Un immense merci à mon cher Alexandre Wickham pour sa confiance sans faille.

Merci aussi à Francis Esménard pour son soutien et son amitié.

Ce livre doit aussi beaucoup aux fidèles Manon Meistermann, Sandrine Gorreri, Bertrand Nouel, Samuel-Frédéric Servière, Philippe François, Pierrette François-Morin et Monique Olivet.

Ma reconnaissance va toujours à Bernard Zimmern, Daniel Arnoux, Olivier Allez, Olivier Tardy, Jean-Claude Rouzaud, Hugues Tourel, Cédric de l'Estrange, Gilles Koleda et à toute l'équipe de la Fondation iFRAP.

Et bien sûr à G. et à tous ceux que je ne peux pas citer mais sans qui ce livre n'existerait pas.

Table

DEUXIÈME PARTIE

COMMENT LES GRANDS CORPS FONT SEMBLANT DE SOUTENIR LES RÉFORMES

TROISIÈME PARTIE

CEUX QUI BLOQUENT

DU MÊME AUTEUR

La mondialisation va-t-elle… nous tuer ?
JC Lattès, 2008

Les Fonctionnaires contre l'État
Albin Michel, 2011

60 milliards d'économies !
Albin Michel, 2013

On va dans le mur…
Albin Michel, 2015

Ce que doit faire le (prochain) Président
Albin Michel, 2017

Composition Nord Compo
Impression CPI Bussière en septembre 2018
Éditions Albin Michel
22, rue Huyghens, 75014 Paris
www.albin-michel.fr

ISBN : 978-2-226-43731-0
N° d'édition : 23162/01 – N° d'impression : 2038203
Dépôt légal : octobre 2018
Imprimé en France